前ページ《モナ-リザ》部分（1503年）　アフロ提供

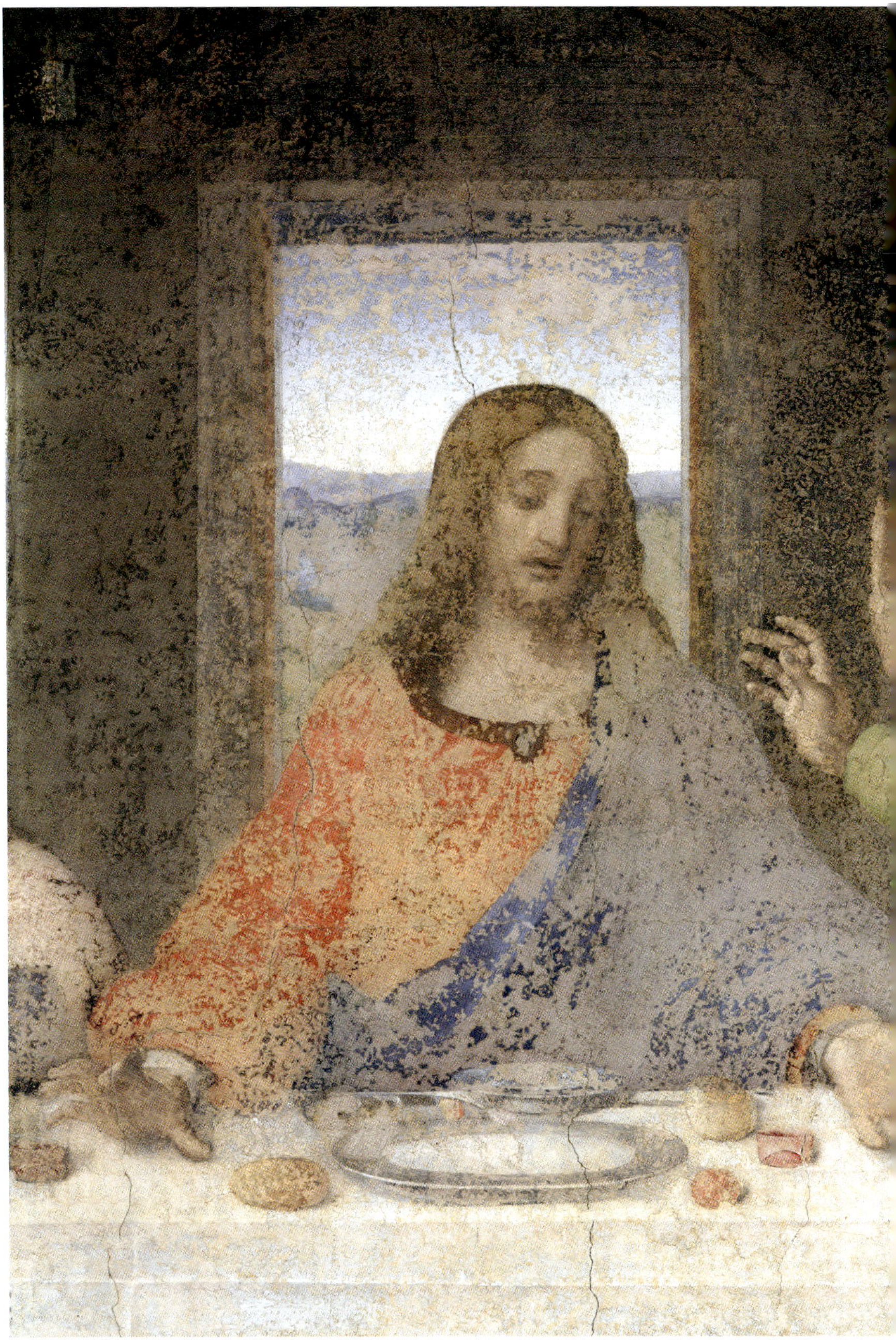

上《最後の晩餐》部分（1495〜97年） アフロ提供

上　**馬とその習作**（1488年ころ）　アフロ提供
左　**自画像**　アフロ提供

新・人と歴史　拡大版　03

# レオナルド＝ダ＝ヴィンチ

## ルネサンスと万能の人

西村　貞二　著

SHIMIZUSHOIN

本書は「人と歴史」シリーズ（編集委員　小葉田淳、沼田次郎、井上智勇、堀米庸三、田村実造、護雅夫）の『レオナルド＝ダ＝ヴィンチ』として一九七一年に、「清水新書」の『レオナルド＝ダ＝ヴィンチ・ルネサンスと万能の人』として一九八四年に刊行したものに表記など一部を改めて復刊したものです。

# 序　文

私の記憶にまちがいがなければ、戦時中の昭和一七年のことである。上京のさい、上野の産業館でたまたま開かれていた「レオナルド゠ダ゠ヴィンチ展」をみた。暑い日なのに、たいへんな雑踏《ざっとう》だった。後援した情報局、陸・海軍省の宣伝がきいたのか、しんそこレオナルドを慕ってかは、知るよしもない。けれども見物人がいちおう満足そうな様子をしているのは、やはり天才の御利益《ごりやく》というものであろうか。かたわらの中学生が復元模型のポンプだの水車だのをいじっているのに引きかえ、私じしんはいっこう不案内で、今さらのように科学知識の貧しさが情なかった。しかし普段なら素通《すどお》りするところを、とにかくひとまわりした。

そうしていると、とつぜん、「経験に誤謬《ごびゅう》はない、誤謬があるのはわれわれの判断ばかりだ。判断が経験の力以上のものを経験にもとめるからだ」という、かつて何かの本で読んだレオナルドのことばが、啓示のように閃いた。彼は誤りやすい人間の判断などに頼らず、ひたすら経験を頼りとして写生し、設計し、解剖刀をにぎったのではあるまいか。出口に近いベンチに腰をおろしながら、『岩窟の聖母』模写を眺めた、三〇年以前の夏の日のことが、今もくっきりと目に浮かぶ。

レオナルド＝ダ＝ヴィンチは、イタリア‐ルネサンスに雲のように群らがりつどうた偉人たちの上に、さらに高くそびえる峰だ。そこでブルクハルトのごときは、レオナルドの広大無量の面影は、永久にただ遠方から推量しうるにとどまる、といった。が、そういってしまえば身もふたもない。「万能の人」や「普遍的人間」を賛美するだけが歴史家の能ではない。そういう考えから、ルネサンスの背景について別の場所で卑見をのべたことがあるが、レオナルドについては、しょせん周辺を徘徊《はいかい》したにすぎない。とてもついでに研究できるような相手ではなかったのである。

ところが、昭和三八年から三九年にかけて、ルーヴル美術館、ロンドン国立絵画館、ミラノのサンタ‐マリア‐デル‐レ‐グラツィエ寺、ウフィツィ美術館、ヴァティカン美術館などでレオナルドの作品に接し、急に身近に感じられるようになった。とはいえ、私は美術史家でも科学史家でもない。芸術家あるいは科学者としてのレオナルドの全貌はおろか、片鱗《へんりん》すら語ることができない。せいぜいやれることは、イタリア‐ルネサンスを背景に「万能の人」の由来《ゆらい》を明らかにするぐらいである。この小著で、レオナルドに興味をもたれたひとが進んで専門研究に向かわれる、チチェローネ（案内人）の役目が果たせたら満足なのである。

昭和四六年一〇月

西村　貞二

付記　訳書のあるものについてはご高訳をお借りした。記して謝意を表する。レオナルド関係の図版については *Wallace, Friedenthal, Clark* などからえらんだ。

# 目次

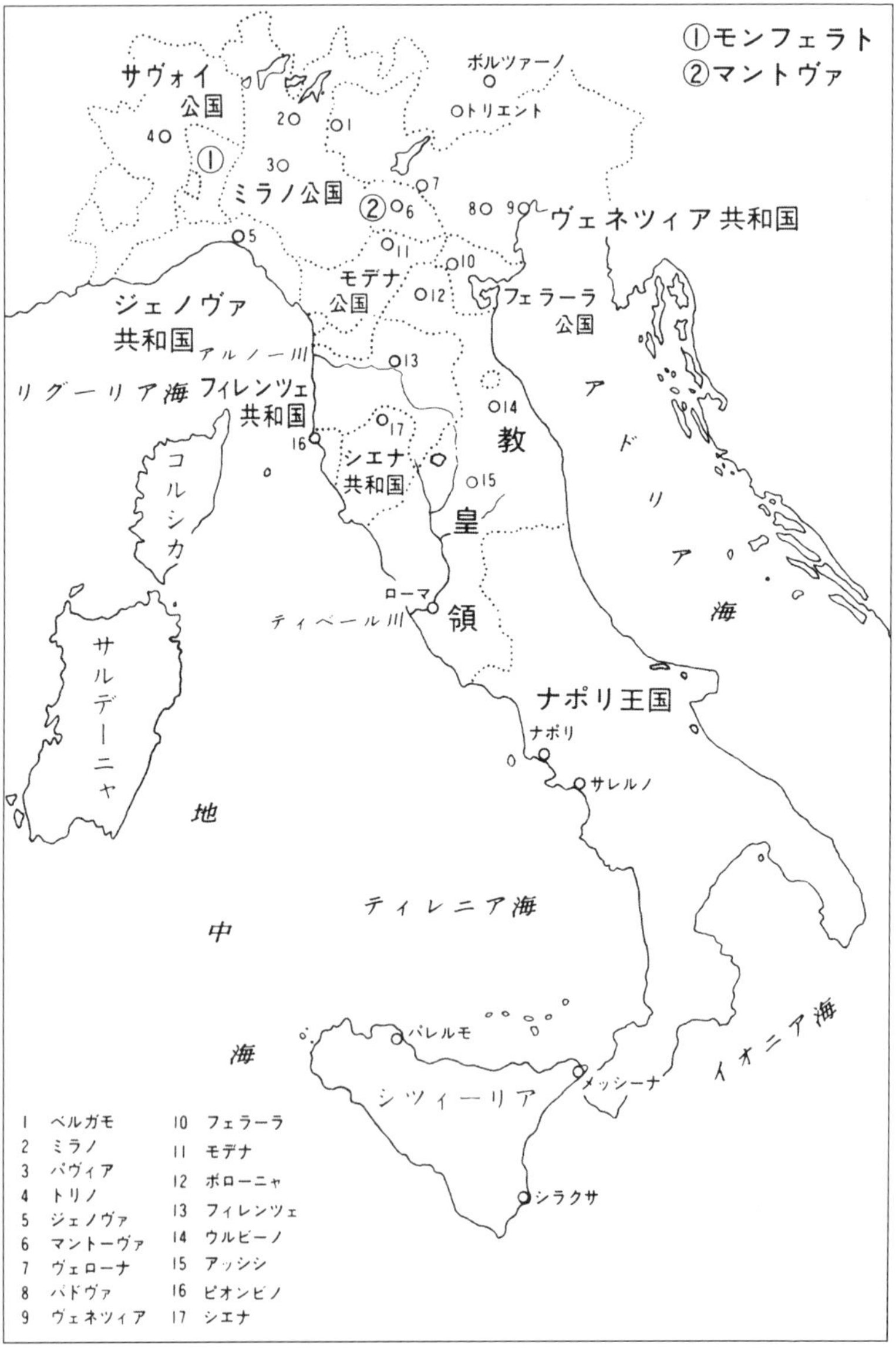
①モンフェラト
②マントヴァ
サヴォイ公国
ミラノ公国
ヴェネツィア共和国
ボルツァーノ
トリエント
モデナ公国
フェラーラ公国
ジェノヴァ共和国
アルノー川
リグーリア海
フィレンツェ共和国
コルシカ
シエナ共和国
教皇領
ローマ
ティベール川
サルデーニャ
アドリア海
ナポリ王国
ナポリ
サレルノ
地中海
ティレニア海
パレルモ
メッシーナ
シツィーリア
シラクサ
イオニア海
1 ベルガモ
2 ミラノ
3 パヴィア
4 トリノ
5 ジェノヴァ
6 マントーヴァ
7 ヴェローナ
8 パドヴァ
9 ヴェネツィア
10 フェラーラ
11 モデナ
12 ボローニャ
13 フィレンツェ
14 ウルビーノ
15 アッシシ
16 ピオンビノ
17 シエナ

# I

# ルネサンス的人間——その背景

# ルネサンス的人間

## ❖ニーチェのルネサンス観

イタリア-ルネサンスは、現代文化が生じるにいたった積極的な力のすべて、すなわち、思想の自由、権威の軽蔑、血統のうぬぼれにたいする教養の勝利、科学への、また人類の科学的研究の歴史への熱意、個人の解放、などをもっていた。そればかりか、われわれのこれまでの近代文化においてはまだ当時ほど強くなったためしのない、積極的な力をルネサンスはすでに有した。ルネサンスは、それがもついっさいの汚点や罪悪にもかかわらず、過去一〇〇〇年間での黄金時代だった。

これは、ニーチェ（一八四四—一九〇〇）の『人間的な、あまりに人間的なもの』の一節である。あらためていうまでもなく、ニーチェは近代文化のうちにひそむ毒を身をもって知り、その病菌を根絶しようとして中途でたおれた思想家だ。彼が超人をとなえたのは、近代文化の毒にたいする解毒剤だったのかしれない。ルネサンスを賞揚したのも、力と健康を失った近代ヨーロッパ人にたいする対症療法だったのかしれない。ニーチェ流にいえば、ルネサンスは「奴隷的人間」にたいする「貴族的人間」の時代であって、己が生を生きぬこうとする態度、反キリスト、あるいは無限の権力追求、ほしいままな美の享楽などに特色をもつ。こうしてニーチェにとって、ルネサンス的人間はあらゆる時代に通じる、一個の普遍的人間型にさえたかめられた。

チェザレ=ボルジア

ルネサンス時代は、どんな解釈でもゆるすほどに豊富だから、ニーチェのような見解をいれる余地はある。しかし、もともと彼のルネサンス観は、『イタリア-ルネサンスの文化』においてルネサンス概念を確立したブルクハルト（一八一八―九七）の感化をうけたものだが、ブルクハルトのルネサンス観の一面を誇張し、したがってブルクハルトの見解からも、ルネサンスの実相からも、かなりへだたっている。ことばをかえていうと、ブルクハルトにとって歴史的現象であったルネサンスは、ニーチェにおいてはひとつの世界観へ飛躍した。ルネサンス人は歴史的地盤からひきぬかれ、「超人」や「権力への意志」に抽象化されるにいたったのである。

### ❖ルネサンス的人間の明暗

ルネサンス時代、とりわけその末期に、ニーチェ的な意味におけるルネサンス的人間が少なくなかったのは、事実である。二、三の例をあげてみよう。ローマ法王アレクサンデル六世(在位一四九二—一五〇三)は、本名をロドリゴ＝ボルジアといい、スペインの生まれである。叔父カリストゥス三世(在位一四五五—五八)によって枢機卿《すうききょう》に任じられ、昇進してバレンシア大司教となった。この間、きわめて放縦な生活を送った。インノケンチウス八世(在位一四八四—九二)のあと、聖職買収で法王位についたが、庶子チェザレ＝ボルジア(一四七五—一五〇七)と共謀して法王領の拡大に狂奔し、異教国トルコと同盟することすら辞さなかった。勝手放題したあげく、熱病にかかって急死した。一説に、ある日、ぶどう園に数名の枢機卿を招待した。彼らを毒殺するのが目的だったところ、まちがって自分が毒いりのぶどう酒を飲んだためだという。

その子チェザレ＝ボルジアは父に輪をかけた悪人だった。父の引き立てで枢機卿となった、一七歳の若い身そらで。弟殺しの疑いを受け引退を余儀なくされたけれど、その後、法王使節となってフランスにゆき、フランス国王の信頼をえ、その仲介でナヴァール王妹と結婚して帰国した。父の勢威とフランス王の援助を笠にき、ロマーニャ、ペルジア、シエナ、ウルビーノなどを次々に征服して教会領を拡張した。功によってロマーニャ公に封じられた。ここにいたるまでに用いた権謀術数は、なみたいていのものではない。兄弟であろうが親戚であろうが、邪魔になり次第、殺してしまう。直接に刃《やいば》をふるわないときは、毒殺という手を用いる。しかし父の急死は彼の運命を変えた。アレクサンデル六世と犬猿《けんえん》の間柄だったユリウス二世（在位一五〇三―一三）が新法王になると、チェザレを捕えた。が、逃れてスペインにゆき、反乱軍にたいして王軍の指揮をとるうち、戦死をとげた。チェザレ＝ボルジアは、波乱にとんだ生涯、端倪《たんげい》すべからざる性格において、ルネサンス末期の政治家のうちで群をぬく。のちにレオナルド＝ダ＝ヴィンチを語るとき、ふたたびチェザレに会うはずである。

混乱したイタリアの政情からすれば、こういう政治家はけっして驚くに当たらない。だが、芸術家にすら背徳者がいたと知っては、少なからず驚かされる。ベンヴェヌト＝チェリーニ（一五〇〇―七一）がそれである。フィレンツェ派にぞくする彫刻家だが、法王クレメンス七世（在位一五二三―三四）やフランス王の庇護をうけ、またフィレンツェのコジモ一世（一五一九―七四）に厚遇され、多くの傑作を残した。ところが『自伝』であからさまに告白しているように、手のつけられない無頼の徒だった。

もっとも、こうした放埒《ほうらつ》が、すべてのルネサンス人にみられたわけではない。カスティリョーネ（一四七八―一五二九）のような、礼節をわきまえた人もいる。ロンバルディアの貴族の家に生まれミラノ公やウルビーノ宮廷に仕えた。一六世紀のイタリアにおける最優秀な散文といわれる彼の『廷臣論』は、宮廷人としての資格や教養を詳しく論じたものである。ルネサンス研究家ヴィリ＝アンドレアスは、カスティリョーネの肖像画を描いたラファエロ（一四八三―一五二〇）にふれてこう述べている。

このすぐれた識者との交際で、ラファエロはさまざまな刺激をえた。カスティリョーネは時代の偉人にはぞくしなかった。人柄と運命は彼をなんら並はずれた地位に押しあげなかった。それだけ確実に、ひとは彼の社交圏においてルネサンスの発展が到達した高さと広さを測ることができる。彼は、時代の力と争い、これを内面的に克服したり、途方もないものにたかめたような、闘争的な資性ではなかった。むしろこれらの力を愛情ふかく摂取して、これらを静かな均斉へ展開しようとした。彼の生活は、波乱の多い事件とかかわり合いになったとはいえ、あらしのために音をたてるようなことはほとんどなかった。ルネサンス的人間には、こうした明暗二面がある。

## ❖歴史的考察の必要

人間中心主義がルネサンス時代に始まったのは疑うべくもない。けれどもそのためにルネサンス人が神まで忘れはてたというのは、正しくない。人間中心主義は次代のバロック時代から本格的に始まった、とみるべきである。神と人間とがある種の調和をもっていたのがルネサンス時代なので、そこにルネサンスの過渡期的な性格が現われている。つまり、近代としてはまだ不徹底なのである。したがってまた、ルネサンス時代は単純な異教時代ではない。キリスト者が同時に異教徒めいた考えをもっていた。こういう多面的な人間の姿を「ルネサンス的人間」の型に押しこめること自体が無理である。

「ルネサンス的人間」が空虚で恣《し》意的な概念にならないためには、どうしても歴史の肉づけを必要とする。いかなる「ルネサンス的人間」も特定の時代と社会に生きていた以上、歴史的考察を欠くわけにゆかない。われわれはまず「ルネサンス的人間」が出現した背景を明らかにしなければならない。そうしてこそはじめて、「ルネサンス的人間」はひからびた抽象的概念から脱して生身《なまみ》の人間となるであろう。

# 政治と社会

### ❖「復興」の意味

「復興《リナシタ》」ということばを歴史的事実としてとらえた最初のひとは、『名匠列伝』の著者ヴァザーリ（一五一一―七四）である。彼は「リナシタ」でギリシア・ローマの美術の復興を理解した。ギリシアをへてローマ帝政期に完成に達した美術が、中世にはいると、ゲルマン人のために破壊され、「粗大な」「もっとも醜悪な」「混迷した」ゴシック様式に跋扈《ばっこ》をゆるした。しかるに一三世紀末にチマブーエ（一二四〇ごろ―一三〇〇）とジョット（一二六六―一三三七）の二人のフィレンツェ芸術家が現われるにおよんで美術復興の気運が生じ、ミケランジェロ（一四七五―一五六四）時代に完成された、というのである。

しかし、ルネサンスをこのように狭い意味での美術復興にかぎらず、文化全般を包括する革新運動とする点で、今日ほとんどすべてのルネサンス史家は一致している。じっさい、ルネサンスは、人間生活にかかわるすべての領域における新生の運動であった。政治上では封建制度の衰退と中央集権的国民国家の勃興をたて糸とし、初期資本主義の成立に伴う経済生活の繁栄をよこ糸とし、そのあいだをぬって、民衆のめざめがあり、現実主義の流れがあり、古代文化の復興や理想主義の発展がある。このようにルネサンスは複雑多岐な文化現象であるが、イタリアの場合に、こうしたことがもっともよく当てはまる。

### ❖イタリアの都市社会

イタリアにおいては、ローマ時代このかた、都市生活の伝統が連綿として伝わり、アルプス以北の国々ほど、封建制度が強い根をはらなかった。とくにヴェネツィアやジェノヴァなどの海港都市が十字軍遠征で巨利をはくし、経済的繁栄はミラノとかフィレンツェなどの内陸都市にもみられた。こうしてイタリア各地にコムーネと称する自治都市がおこり、皇帝や諸侯から自治権を獲得したり、貴族と対抗したり、周辺の農村地域を勢力圏にいれたりして、活発な活動を始めた。都市の経済生活の繁栄こそは、イタリア－ルネサンスをうむ母胎だったのである。

ところでいま経済生活といったが、がんらい中世人には強い営利心が欠けていた。というより、抑えられていた。カトリック教会は教会で、法外な利益をむさぼることを罪悪視して利子のようなものは禁じていたし、ギルドはギルドで、個人の営利追求をきびしく抑制していた。

教会的見解がゆるくなり、ギルドの束縛がとけてくると、それまで人為的に抑えられていた営利心が勃然としておこってくる。富の獲得が激しい欲望となり、これをみたす態度において無遠慮となる。個人主義のめざめも、おそらくこのような事情と関係があるであろう。

だが、都市民に重大な役割を演じさせるのは、富の力（経済力）だけではない。理知の力が伴わなくてはならない。たとえば企業のようなものは、たんなる富力や向こうみずの勇気だけでは、とうてい成功することができない。経済史家ゾンバルトがいっているように、企業というものは、どんな種類であれ、成功しようとするなら、合理的手段を用い、未来を洞察する計算的精神にもとづかねばならない。商人には、合理的にものごとを考え、機敏にチャンスをねらう態度が必要である。こういう合理的計算的精神は、もとはといえば経済的なものだが、ひとり経済ばかりでなく、国家や政治に、いや芸術にいたるまで貫通したのが、すぐれてイタリア‐ルネサンスの特徴である。ブルクハルトが国家や戦争を芸術品に見たてたのは、けだし卓見である。経済における企業家は、政治や戦争においては、利害得失を計算する政治家や傭兵《ようへい》隊長にかわる。政治は計算にほかならない。そういうことは中世の政治家のあずかり知らぬところであった。「国家理性」（ラジオーネ‐ディ‐スタート）といったことばがルネサンス時代のイタリアに生じたことは、偶然ではない。国家理性とは、歴史家マイネッケによれば、国家行動の格率《かくりつ》、国家の運動法則のことだ。法則というからには、でたらめなものではなくて、一定のきまりがある。合理性がその根底にある。

むろん、このような合理的計算的精神は、突如としておこったのではない。ドイツ皇帝フリードリヒ二世（在位一二一二―五〇）や南イタリアのナポリ国王ロベルト一世（在位一三〇九―四三）の政治には、はやくも政治の合理的運営が認められる。時代がくだるにつれてこのような特徴はますます明瞭となり、ついに一五世紀の傭兵隊長や、一六世紀はじめにマキアヴェリ（一四六九―一五二七）がとなえた「新しい君主」にいたって頂点に達するのである。

## ❖国民感情のめざめ

ひとは反駁するかもしれない。こうした都市や都市民の発展は、イタリア特有の現象ではなかったのではないか、と。たしかに、一一、一二世紀から西ヨーロッパにおいても封建都市は発達の緒についたのである。だがたいせつなのは、ルネサンス時代のイタリアがこうした発展を、ヨーロッパの他のどの国よりも早く、かつみごとに達成したということである。たとえばフィレンツェのような都市は、最高の政治的自覚と極度に豊かな政治発展の形式を有した点で、ブルクハルトがいみじくも名づけたように、「世界最初の近代国家」であった。チマブーエ、ジョットからダンテ（一二六五―一三二一）やペトラルカ（一三〇四―七四）、ボッカッチョ（一三一三―七五）、マキアヴェリ、レオナルド、ミケランジェロにいたる三〇〇年間、フィレン

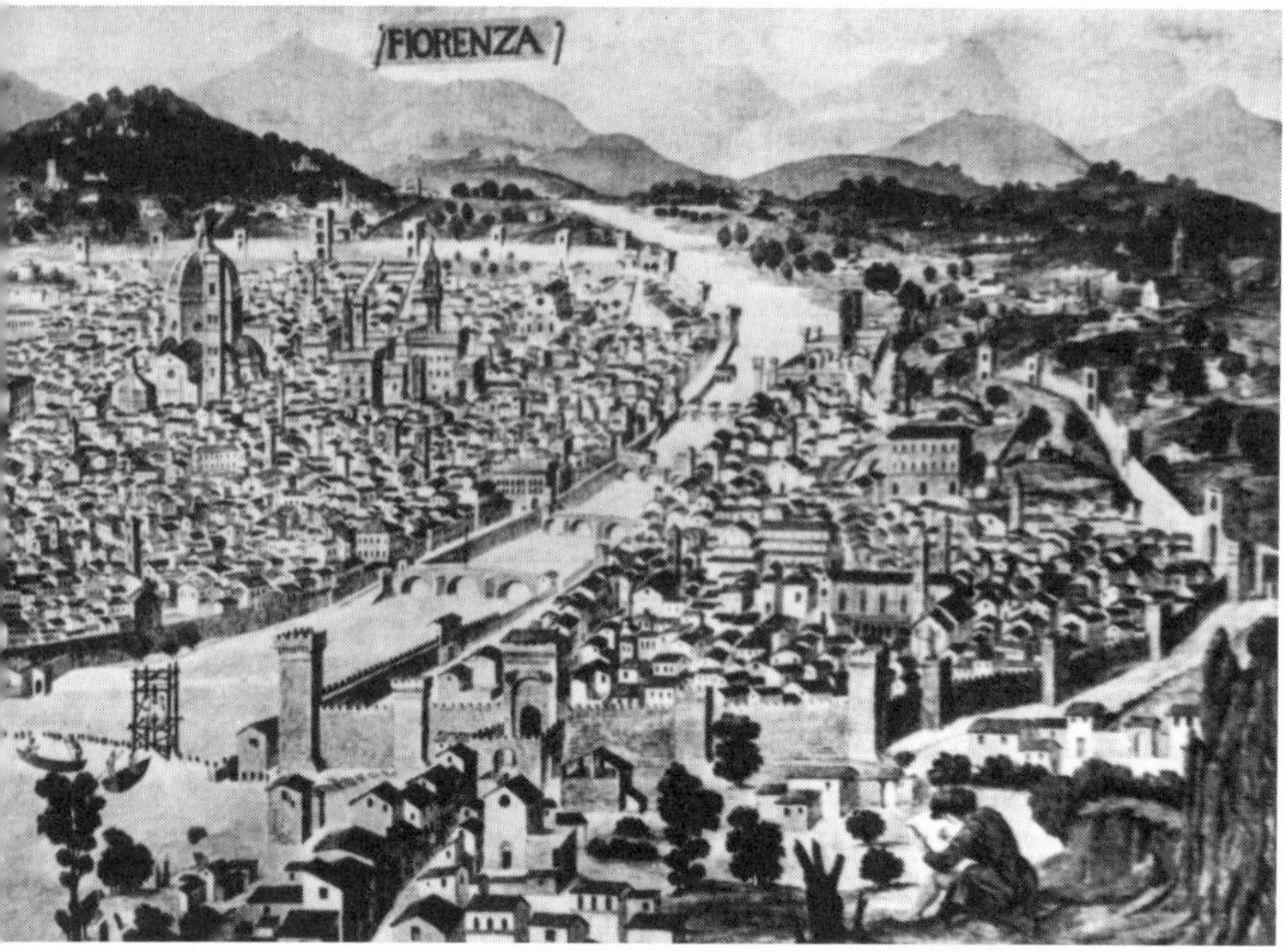

15世紀のフィレンツェ

ツェはルネサンス文化の花形選手だった。しかしこうしたことにまして重要な、イタリアだけに独特なことは、都市の隆盛がイタリア人の国民感情とはなれがたく結びついていたことである。

ルネサンス史家ゲッツが指摘したように、そもそもイタリアの共同感情は、超国民的な教会や僧侶と提携した宗教的支配者からも、ロンバルディアとかフランク-ドイツの血筋をひいた貴族からも期待できなかった。中部、北部および南部イタリアの都市のなかにのみ共通なものが政治にも経済にも存して、やがては精神的共同体を育成するようになったのである。そうはいっても、彼らがはじめから明確な国民感情をもっていたわけではない。それどころか、彼らは目先の利益に動かされて、しばしば干戈《かんか》をまじえた。兄弟牆《けいていかき》に鬩《せめ》ぐ――この語がイタリアほど当てはまるところはなかった。いいかえれば、地方的

な愛郷心は牢固《ろうこ》として抜きがたく、そういう偏狭な愛郷心が長くイタリアの統一を妨げる一因となったのである。

しかしそれにもかかわらず、精神的共同性の存在は見まがうことができない。さらに国民感情をつちかったものに、ローマ帝国の偉大によせる回想があったろう。そうした思い出は、直接に古代の復活につながる。イタリア-ルネサンスを西ヨーロッパのルネサンスから区別する標識は、古代の復活が国民感情の必然の産物だったということである。

### ❖政治情勢の急変

都市がイタリア-ルネサンスの発展に、いかに深い関係をもっていたかがわかる。そういうと、都市が順調に発展したかのように思う向きがあるかもしれない。順調どころか、いばらの道を歩んだ。むろん、都市によって相違があり、一三〇〇年代、一四〇〇年代、一五〇〇年代でも相違がある。ここはそうした相違をつぶさに論じるべき場所でないから、一例をあげるにとどめると、たとえばフィレンツェでは内部で皇帝党《ギベリーニ》と法王党《ゲルフィ》とが激烈な争いをくり返した（ダンテが追放されたのはそのためである）。一方、経済界では、富裕な大市民《ポポローグラッソー》と小市民《ポポローミヌート》との利害は相いれず、争いをこととした（一三七八年のチオンピの乱がそうである。チオンピとよばれた梳《そ》毛《もう》工が大商人にたいして暴動をおこした）。このように政治と経済とがからみ合いつつ、初期の自治制は中期のシニョーリア制（自治都市の高級役員会）をへて、専制君主の台頭へ移ってゆく。共和制でありながら、じっさいは政権が少数者の手に帰し、ついに個人が全権をにぎる。フィレンツェではメディチ家がそれである。しかし彼らは例外なくルネサンス文化の保護者であった。

ところでこうした繁栄は、当時のイタリアが国民的独立を維持したおかげである。フィレンツェ共和国、ヴェネツィア共和国、ミラノ公国、ナポリ王国、ローマ法王国家などが勢力均衡を保つことによって平和を守ったからこそ、文化の花が咲くことができた。一五世紀末に、こうした平和はにわかにかき乱される。イタリア内部における政権の変動という事情もあるけれど、主として国際関係の変動による。一五世紀というと、西ヨーロッパ諸国が中央集権国家へ衣がえしつつあったときだ。フランスは百年戦争（一三三八―一四五三）の後、王権が伸張した。イギリスにおいてはバラ戦争（一四五五―八五）後、テューダー家へンリー七世（在位一四八五―一五〇九）によって絶対主義への道がひらかれた。イベリア半島では一四七九年にスペイン王国が成立した。

これに反して、イタリアは依然として四分五裂の状態だったから、西ヨーロッパ諸国に侵略の好餌《こうじ》と映ったのは当然である。こうして一五世紀末にイタリアをめぐる情勢は風雲急をつげるにいたった。一四九四年にフランスのシャルル八世（在位一四八三―九八）はナポリ相続権を主張して北イタリアに侵入、フィレンツェに進んでメディチ家の支配をくつがえし、ナポリに進攻した。一五二七年にはドイツ皇帝カール五世（在位一五一九―五六）の軍隊がローマを侵した。これを「サッコーディ-ローマ」（ローマの劫掠《ごうりゃく》）といい、イタリア-ルネサンスの終末をつげた事件とされている。以後、イタリアは列強の角逐《かくちく》場と化し、政治的独立をほとんどまったく奪われた。また世紀末における相つぐ新航路の開拓は、地中海から大西洋へ経済の中心を移動させた。政治的独立と経済的繁栄を失ったイタリアの衰退は、火をみるよりも明らかであった。近代ヨーロッパを打開した光栄ある歴史はページを閉じ、沈滞と屈辱の三〇〇年が続く。じつは、こうした一五世紀末から一六世紀初頭にかけてのイタリア内外の政治変動が、レオナルドの運命に重大なつながりをもっているのである。

## 思潮

### ❖古代の復活

ルネサンスが「古代の復活」とよばれることは、先刻ご承知であろう。たしかに古代の復活はルネサンスの目じるしのひとつだ。しかし厳密にいうと、古代はルネサンス時代に復活したのではない。遠くさかのぼって、八世紀の西欧精神界に巨大な足跡をのこしたアルクィン（七三五―八〇四）などは、シャールマーニュ（カール大帝、在位七六八―八一四）に仕え、いわゆるカロリング朝ルネサンスをもたらした人物である。そこで現代フランスの中世哲学の権威ジルソンは、アルクィンをもってヒューマニストとし、ルネサンス時代のヒューマニズムはこの中世ヒューマニズムの延長開花であるとさえ、述べている。しかしながら、ルネサンス時代のヒューマニズムは中世ヒューマニズムの延長にすぎないのであろうか。

たんに古代知識をもつというだけなら、中世人も――教会や修道院のなかで――古代の書物をひもといた。かんじんなことは、そういう古代知識が何に用いられたか、である。彼らが古典をひもといたのは、なんらかの意味でキリスト教に奉仕させるためであった。これに反してルネサンス人は宗教的な見地をはなれ、古典を古典として味読し、これを生活の新しい形成もしくは人間としての教養に役だたせようとした。ここに中世ヒューマニズムとの決定的な相違がある。さらに銘記しておかなくてはならない。中世ヒューマニズムとも、イタリア以外のヒューマニズムとも趣きを異にして、イタリア人にとって古代とは祖先の歴史であり、祖先の遺業にほかならない。古代は彼らにとって魂のふるさとだ。古代研究はふるさとへ帰還することを意味する。この点でも、古代の復活はイタリア人の国民精神と密接に関連していたのである。

## ❖ヒューマニズムの意義

このヒューマニズムは、ルネサンス時代の思潮のうちでもっとも注目すべきものである。もちろん、ニコロ＝ニッコリ（一三六四－一四三七）、サルターティ（一三三一－一四〇六）、ポジョ＝ブラッチョリーニ（一三八〇－一四五九）、ロレンツォ＝ヴァラ（一四一五－六〇）、ポンターノ（一四二六－一五〇三）、フィチーノ（一四三三－九九）といったヒューマニストが、ギリシア・ラテンの古書蒐集や研究につくした功績は大きい。が、ヒューマニズムはそうした学問研究であるより先に、人間の生きかたであったことに注意ねがいたい。つまり、ヒューマニズムには、古代哲学とか一八世紀の啓蒙思想とかにみられる理路整然とした思想体系がない。個々のヒューマニストの生活態度がヒューマニズムを体現している、といったあんばいなのだ。

もともとヒューマニズムはラテン語の「フマニタース」に由来し、あらゆる人間的なもの、すなわち人間性の尊重や人間の価値とか尊厳を示すことばである。ルネサンス人が古典を研究したのは、そのなかに人間性が躍如としていることを知ったからにほかならない。そして古典を研究すれば、いきおい人間じしんの新生にも新しい教養にも役だつはずである。問題は、たんに古代文化を形式的に模倣したり、学者的にあげつらうことではなくて、人間の生まれかわりなのである。

## ❖イタリア＝ヒューマニズムの背景

ヒューマニズムの意義がこういうものだとすると、ヒューマニズムがイタリア＝ルネサンスの社会的要求となった理由が判然とする。なぜなら、ルネサンスが中世の宗教的社会的伝統(むしろ因襲というべきか)にしばられている精神を解放しようとしたとき、スコラ的でない、新しい世俗的教養を求めないではいられなかったから。ブルクハルトによれば、イタリアの心が一般に古代に傾倒するのは一四世紀からである。そのためには、イタリアにおいてのみ当時から始まった都市生活の発展、とりもなおさず密集的な生活とか、貴族と平民との平等、あるいは教養の必要を感じ、かつそのために閑暇《かんか》と資力の余裕に事欠かない一般社会の形成が必要だった。ヒューマニズムはちょうどそうした社会の要求にこたえたものである。フィレンツェがヒューマニズムの淵叢《えんそう》となったことは、ヒューマニズムと市民社会との切りはなせないことを雄弁にもの語っている。

イタリアのヒューマニズムは、市民社会と切りはなせないように、国民感情とも切りはなせない。ヒューマニズムは人間主義を標榜《ひょうぼう》する点で普遍的な考えといえるから、国民感情と結びつくのは矛盾するように思われる。しかしヒューマニズムの成立に当たっては、まさにそうなのである。ヒューマニストの政治思想を一瞥《いちべつ》するのが早道であろう。たとえばダンテは、『帝政論』においてローマ復興やイタリア救済をドイツ皇帝ハインリヒ七世(在位一三〇八―一三一三)に託した。彼が皇帝思想になおも執着し、世界帝国を夢みていたかぎり、中世世界の人間にぞくしていたのは明らかである。『神曲』にあらわれた宗教的な象徴ほど、中世人ダンテの面目を示すものはない。にもかかわらず、彼が『神曲』をイタリア母国語でかいたり、作中しばしばローマの偉大に思いをはせ、『俗語論』で堂々と国語を論じたのをみると、やはり、新しいイタリアという考えが脳裡に浮かんでいたことは否定できない。ついでペトラルカ――彼こそヒューマニズムの祖、近代最初の世俗的人間である――にいたっては、国民感情はいっそう明白である。ローマの盛時を回顧して、イタリアの自由と独立を謳《うた》っている。コラ＝ディ＝リエンツォ（一三一三―五〇）のごときは、一三四七年にみずから「ローマ護民官」と称して、ローマ復興運動をおこした。このときペトラルカは大いにリエンツォを激励した。このように初期ヒューマニストには愛国の熱情が燃えさかっていたのは、疑いないところである。その後、ヒューマニストが古代学芸の研究家になってしまったり、ひどい場合はパトロンである王侯貴族の取りまきに堕落したときですら、マキアヴェリのような人はイタリアの自由と統一を声を大にして叫んだ。もっとも、一五世紀末にイタリアが国難に直面し、そういう危機意識がマキアヴェリをしてそのような叫びを発せしめたのではあろうけれど。

## ❖個人の覚醒

こうした社会と思潮に養われ鼓舞されて、近代的個人が誕生した。ルネサンスの世界観を特徴づけるものは、個人の自由と独立にたいする揺るぎなき信念である。では、個人はいかにして現われたか。ブルクハルトの名調子の、しかしややあいまいな叙述をうつせば、中世にあっては意識の両面――外界に向かう面と人間じしんの内部に向かう面――とも、いわばひとつの迷夢のなかで夢みつつ、あるいは半ばさめつつ、包まれていた。そして人間はただ種族、国民、団体、家族その他なんらかの全体的形式の一分子として自己を観ずるにすぎなかった。ところがイタリアにおいてこの迷夢は風のまにまに消えうすれて、国家や一般にこの世の事物を客観的に重視し、とり扱う精神がめざめてくる。これと並んで人間の主観的意識がめざめ、こうして人間は個人となる。

前に述べたように、人間がキリスト教社会の一員にとどまるとか、せいぜい神との共同体のなかでしか人格を認められない場合、あるいはギルド組織でしばられているような場合、人間は独立独歩の個人とはいえないであろう。ルネサンス時代にはそうした束縛が、消滅したとはいわないまでも、ゆるくなったのは事実である。すると、経済界では商人が商売熱心で産をなすことができるようになる。政治界では小君主や都市共和国、傭兵隊長、あろうことか法王までが、勢力の拡大をはかる。ルネサンス時代のイタリアは、いうなれば乱世であった。それだけにかえって、自主独立の自覚した個人をうみだすのに適していた。あげくの果てに、いっさいの身分的差別をこえ、出生や地位によらず、まったく自己の才幹力量で世に立つ個人が現われる。とりわけ一五世紀半ば以後には、政界と

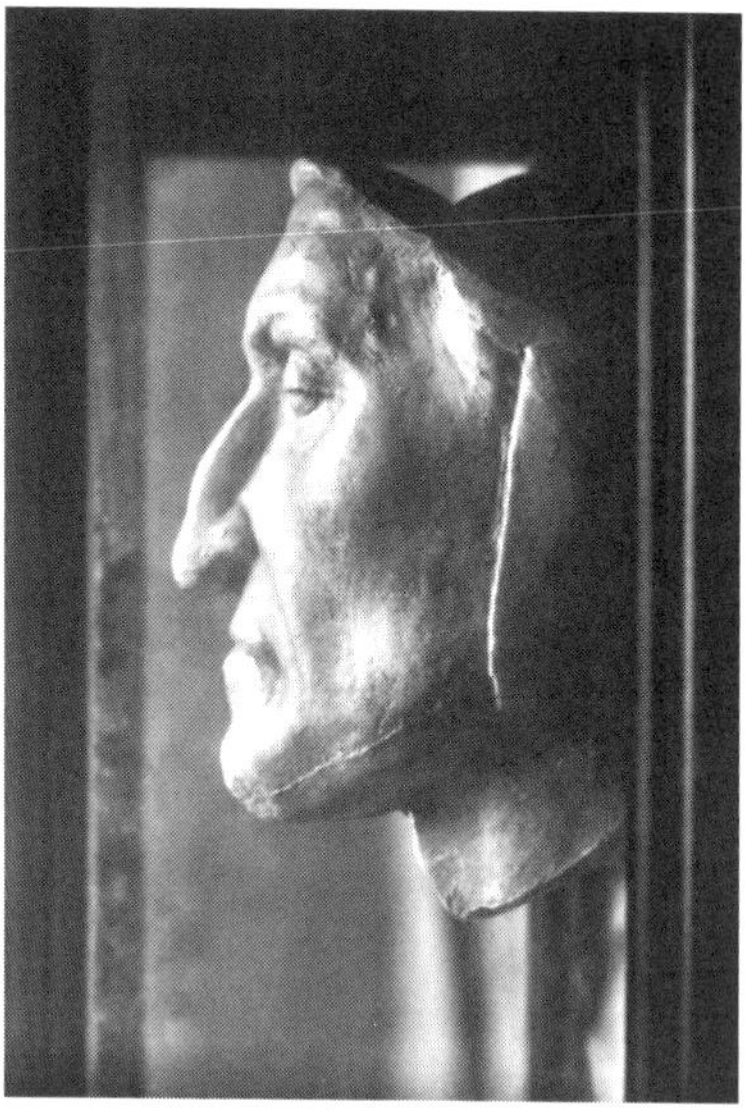
ダンテ像

いわず経済界といわず芸術界といわず、あらゆる方面に独創的な個性、いうところの万能の人間《ウオーモ・ウニヴェルサーレ》が出現して、大車輪の活躍を演じる。その壮観に目をみはる。ニーチェならずとも、ルネサンス的人間ここにあり、と叫びたくなろうというものである。

ただ、くれぐれも注意しなくてはならない。こうした個人の自由や独立は、ルネサンス時代のイタリアでは一部の社会、すなわち上流社会においてしか認められなかったのであって、世間一般ではない。いわんや、個人主義として確立されたのではない。そのための政治的ないし経済的な裏づけがないのである。強いて名づけるなら、カスティリョーネに見いだされたような美的個人主義である。そういう個人主義は、民衆にとっては高嶺《たかね》の花であったろう。ルネサンスをつつむ雰囲気は、どうみても貴族的美的であった。なん度もくり返して恐縮だが、ルネサンスの限界を承知したうえで個人とか個人主義を考察しなければいけない。

## ❖ルネサンスは異教的か

個人主義と同じように、ルネサンスの異教性というものも無造作にとり扱ってはならない。じっさい、近年のルネサンス研究は、ルネサンスの異教主義に疑問をいだいている。たとえばブルダッハというルネサンス学者によると、ルネサンスと宗教改革とはひとつのイデーをわけ合っている。復興《レノヴァティオ》と改革《レフォルティオ》とは同じ根からでている。もっとはっきりいえば、復興や改革の偉大な運動の担《にな》い手たちが鼓吹《こすい》されたイデーは宗教的だったのである。ヴァルザーというルネサンス史家もいっている。キリスト教的禁欲はペトラルカにおいて、そしてペトラルカにおいてばかりでなく、新たにめざめた古代研究と調和していた。ペトラルカはキリスト教の教義を疑おうなどとは、夢にも思わなかった。古代研究は彼にとってなんら誠実なキリスト教信仰と矛盾しなかった。ルネサンスの異教主義はたんに外見だけのものにすぎない。

要するに、近年のルネサンス史家によれば、イタリアのルネサンスやヒューマニズムは、ひとが考えるよりずっと宗教的なものを含んでいた、とされる。そういえばダンテもペトラルカも教会改革論者であった。宗教的無関心や異教主義が一世をおおった一五世紀末においてすら、フィレンツェにおいてサヴォナローラ（一四五二―九八）が一種の宗教改革を行なっている。もちろん、反証をあげることはできよう。マキアヴェリが『君主論』で法王やローマ教会を痛烈に非難したのは周知であろう。しかし彼は宗教そのものを否定しているわけではない。ヒューマニストたちの教会や僧侶にたいする罵倒にしたところで、当時一般の風習であったとすれば、それをもってただちにルネサンスの異教性を証明する材料にはならない。

## ❖ルネサンスの宗教心

そうなると、ルネサンスの宗教性はいよいよあいまいになるばかりである。このあいまいは、ルネサンスの宗教心を、初期と末期とを区別せず一律に考えるから、生じるのではあるまいか。たとえ初期ヒューマニストに真摯《しんし》な宗教心が認められるにしろ、末期まで変わらなかったとはいえない。第二に、ルネサンスの宗教心を純然たるカトリックのわくにはめようとすると、つじつまが合わなくなる。ルネサンスの宗教心は中世カトリシズムと同じものではない。いったいルネサンス時代は、詩人や芸術家ばかりでなく哲学者でさえ美的に考えた。フィレンツェのプラトン学院を中心におこった新プラトン主義は、神と世界、人間と自然を中世とは違ったふうにとらえた。それは美的汎神論《はんしんろん》とよばれるべきである。第三に、たいていのヒューマニストは、教会を辛辣《しんらつ》に批判しておきながら、少なくとも表面では教会のしもべをよそおい、なかには平気で僧禄《そうろく》をはんだ者もいる。ヴァラは『コンスタンティヌス帝寄進文書』を言語学的に研究した結果、その偽作であることをあばいた。しかもカトリック教会と公然たる争いにおちいることがなかった。

他方、教会じしんも、カトリックの根本に重大な脅威を与えないかぎり、ルネサンスの新しい世俗的教養に順応した。ルネサンス時代のローマ法王は、ほとんど例外なく文学や芸術のパトロンである。ピウス二世（在位一四五八―六四）などは、本名をエーネア＝シルヴィオ＝ピッコロミーニというすぐれたヒューマニストだった。だが、教会と世俗的教養とのこうした奇怪な妥協は、イタリアにおいてのみ行なわれたことで、ものごとをまじめに考えるドイツの宗教改革者にしてみれば、とうてい黙視できないことであった。ルネサンスと宗教改革は人間の自由の自覚をわかち合ったとはいえ、宗教にたいする態度においては深淵をもってへだてられていた。南欧精神と北欧精神のちがいを認めることもできようが、根本的にいえば、ルネサンスが中世から近代への過渡期であり、過渡期が生じる混乱が宗教心にも反映しているのである。宗教的寛容の問題がこのことを示す一例となる。

### ❖宗教的寛容と不寛容

ボッカッチョが『デカメローネ』第三話で、「三つの指環《ゆびわ》」の話をかいている。むかし、ある金持がひとつの貴重な指環をもっていた。この指環をもつ者が代々相続人と定められていた。何代かたって、三人の息子をもつ父が相続人となった。ところが三人ともたいそう親孝行だったので、父はだれを自分の相続人にすべきかに迷った。そこで父はほんものそっくりの指環を二個つくらせて、三人の息子に与えた。父が死ぬと、息子たちは指環を証拠にもち出して相続権を主張してゆずらない。しかしどれがほんものか、見わけがつかなかったという話である。この三つの指環とは、ユダヤ教、キリスト教、イスラム教をかたどったものだ。どの宗教も真実で、それぞれほんとうの律法をもつ。だから、ひとつの宗教だけを正当として他を排してはならない。宗教のために人間が憎み合ったり、まして血を流したりするのはもってのほかである。このような考えは明らかに宗教的寛容思想の先駆である。

では、ルネサンス時代にめばえた宗教的寛容思想は、すくすくと成長していったであろうか。逆である。不寛容は歴史から姿を消す前に、ルネサンス時代から宗教改革時代にかけて荒れ狂った。宗教裁判とか魔女裁判をみればわかる。宗教裁判の起源は古い。とくに一二世紀以後、南フランスのアルビ派やワルデス派の異端がおこると、ローマ教会はやっきとなって弾圧にあたり、アルビ討伐の十字軍までおこした（一二〇九年）。そして一二一五年のラテラノ公会議では、きびしい処置をとることをきめた。宗教裁判が異端者に加えた刑罰は言語に絶した。抜舌、つるし首、火あぶりなど、世にも恐ろしい。

カトリック信仰にそむく異端への迫害は、悪魔と盟約したという魔女にもおよんだ。中世末から近世のはじめには、近代科学がおこる一方でさまざまな迷信がはびこった。魔女は妖術を使い、魔法で人間の命や健康を奪い、田畑の作物や果物を枯らすとされた。それで法王インノケンチウス八世（在位一四八四―九二）は法王教書を発布して、大規模な魔女裁判を行なった。中世ならまだしも、人間主義や合理主義がとなえられたルネサンス時代に、このような不寛容が横行したのは、なんとも奇妙に思われる。しかしこの時代が過渡期であったことを考えれば、必ずしもありえないことではない。ルネサンスはとかく美化されやすい。が、ルネサンス文化をうんだ現実の世界は、けっしてきれいごとの世界ではなかった。

# 自然の発見

## ❖ルネサンスの自然感情

「自然」はルネサンスの発見物ではない。中世文学においても自然は歌われた。アッシシの聖フランチェスコ（一一八二—一二二六）の「小さな花」や南仏プロヴァンスの歌人に、自然によせる美しい讃歌をきくことができよう。だが概して中世人は、自然を自然として観察したり研究したのではなくて、自然のうちに神の徳だの恩寵だのを見いだそうとするか、あるいは素朴な自然愛にひたったにすぎない。自然がいわば自覚的に追求されたのは、ルネサンス時代にはいってからである。つまり、人間の発見や自覚が行なわれてはじめて、自然を自然として、しかも理知的に観察する目が開かれた。それは異国の風物に接する旅行ともなれば、風景美の発見ともなった。ペトラルカはアヴィニョンからほど遠からぬヴァントゥ山に登ったとき、アルバノ山地のみごとな見晴らしに恍惚としてわれを忘れ、セヴァンヌ山脈やリヨン湾やローヌ川の展望の荘厳さは彼の気宇《きう》を広大にしたという。哲学者ディルタイがいうように、「彼こそは、当時、近代的意味における自然感情が生活感情となっていた最初の人々のひとりであった」。

## ❖人間における自然の発見

人間の外にある自然の発見は、人間の内にある自然の発見にみちびく。人間のうちにある自然とは人間の本性、人間の生まれながらの性情のことだと考えてくださってよい。このことに関連するのが自然法思想である。自然法思想は、周知のように古代の哲学、なかんずくストア学派からおこった。ヘレニズム時代のあのコスモポリタンな風潮の影響で、彼らは、人間本性が平等である、人間は時と所との区別なく共通不変の性質をもつ、と考えた。こういう考えを法におよぼすとき、自然法思想が生まれる。現実の法（実定法）のうえに、時と所を超越して通用する法という考えである。ずっと後に、社会契約説がこの自然法にもとづいてつくられ、いわゆる市民革命の原理となるわけだが、もちろんルネサンス時代はそこまでは進んでいない。けれども、この時代に古学が復興すると、アリストテレスやプラトンの哲学と並んでストア学派が復活し、当然ストア学派の自然法思想が知られるようになった。マキアヴェリは明らかに、人間本性の同一性という自然法思想を彼の政治学の前提としているのである。

だがこの自然法思想の復活には社会史的な背景があるのではなかろうか。いっさいの身分的差別をこえ、出生や地位にかかわらず、純粋に自己の才幹力量で世に立つことができるような時代においてはじめて、自然法思想は根をおろすことができる。社会学者フィアカントが次のようにいっているのは、この事情をさしたものであろう。

近代自然法は、その内容と意義についていえば、等しく近代の自然認識のかたわらに立つ。この二つの業績は闘争運動と関連して生じた。すなわち、自然科学の新世界像は、スコラ哲学と教会的世界像にたいする戦いに発したが、自然法は、市民階級が特権的身分層にたいして同権たることを要求して行なった闘争と関連して生じた。

### ❖芸術における自然の発見

最後に芸術こそは、こうした外なる自然と内なる自然とを総合するものでなければならない。外なる自然は、むろん外界である。ルネサンス芸術家はまずこの外界に目をむけて、自然をありのままにえがく。彼らにはもう自然は宗教的な意味をもっていない。次に彼らは人間に目をむける。そして外界にたいすると同じ態度をもって人間の内なる自然をえがく。彼らは、霊と肉とを截然《せつぜん》と分けた中世キリスト教的二元論や、人間の自然的性能を悪しきものとする人間否定にたいして、あらゆる精神的な芸術価値は人間の肉体と精神との合一にあると考える。したがって人間のうちにひそむ、あらゆる可能性を発揮することがルネサンス人の新しい倫理であり、このような倫理が芸術の基調をなしたのであった。

人間の肉体——裸体の発見も、同じ根拠にもとづく。美術史家ヴェルフリンが論じたように、肉体運動の機械的可能性をあますところなく数えあげることは、イタリアの芸術論がつとに欲したところで、アルベルティ(一四〇四―七二)もレオナルドも、こうした問題について多くのページを費やした。イタリアでは、ひとはつねに衣服の下に肉体を感じる。アルベルティが、芸術家はすべての人体をまず裸体で描き、しかるのちはじめて衣服を思うべきである、と要求したのは、一般に認められていた事実を公式化したにすぎない。けっして理論家の衒学《げんがく》ではない。だからアルベルティが、素描家は人体の解剖学的基礎にまでさかのぼらねばならないと主張したのも、当然なのである。

のちに詳しくみるが、レオナルドが芸術家であるとともに科学者であったことは、われわれには不可解である。が、彼にしてみれば、これほど当然なことはなかったであろう。なぜなら、芸術的制作も人体解剖も機械の発明も、しょせん探究心のちがった現われにすぎなかったのだから。それゆえにヴェルフリンはいう。イタリアにとって芸術は一つの科学である。事物についての完全な知識からのみ、芸術は生まれることができる。こうして芸術の原理を理論的に確立しようとする傾向はつとに存していた、と。

## ❖自然科学の発端

ここまで進んでくれば、自然科学の誕生まではあとひと息であろう。ところで哲学史家ヴィンデルバントはこう述べている。中世とそのスコラ哲学にとっては、自然は、教会が封印をほどこしていた閉ざされた本であった、と。自然は神聖ならぬもの、悪しきものであった。したがって嫌悪され、攻撃され、軽蔑され、抑圧され、呪詛《じゅそ》され――知られもせず、研究されもせず、理解されもしなかった。当然の反動として、おのずと、生活の自然な形成や自然力の支配と認識にたいする憧れが、おのれの力を自覚した、自由となりつつある精神をとりこにしたのである。

そうはいっても、神秘な自然を科学的にとらえることは、一朝一夕では不可能だった。そうした努力は、はじめのうちは空想的な方向をとり、神智学的な自然主義とか自然主義的汎神論を生じたが、やがて空想的形式からだんだん経験的自然認識が生じる。人々は自然を観察し、実験によって確かめるようになる。自然をみる目が正確となるにつれて、自然のなかにかくされている法則をさぐり出そうとする欲求がおこらずにはいない。イギリス経験論の祖フランシス＝ベーコン（一五六一―一六二六）が、「自然を知ることによって自然を征服する」とか「知は力である」といったのは、近代自然科学の真髄をいいあらわしたものだ。こうして自然観察は近代合理主義と双生児である。ちょうどマキアヴェリにおいて政治が合理化されたように、自然観察が合理化される。それのみか芸術家も、もはや人体の解剖学的知識なしには絵をかくことができない。建築家は力学の知識なしには設計図を引くことができない。もちろんルネサンス時代には、近代自然科学は発達の緒についたばかりだ。本格的な発達はこれからである。ただ、近代科学が生まれたこと、それがルネサンスの一般的風潮とはなれがたく結びついていたこと、を知っておけばよい。

「ルネサンス的人間」の背景はおよそ以上のようである。が、以上の叙述ではルネサンス的人間の現にある姿は明らかにされていない。われわれは次章で幾人かの、ちがったタイプのルネサンス的人間に照明を当てることにしよう。彼らがまさにルネサンス的人間であるゆえんはどこにあるか、彼らの出現の条件はなんであったか、をもう一度確かめるために。

# Ⅱ

# 万能の人——その諸相

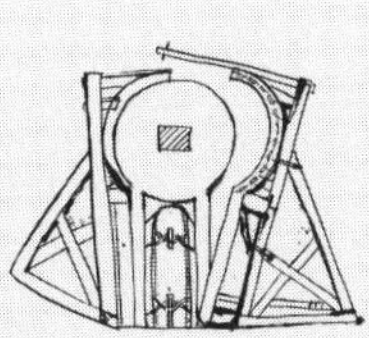

# 科学者の場合

## ❖万能の天才

人格の最高の完成への衝動が、真に力強く、それでいて多面的な、同時に当時の文化のすべての要素をわがものにした天性に出あった時、ひとりイタリアだけにあるあの「普遍的人間」（ウォーモ・ウニヴェルサーレ）ができあがった。百科事典的な知識の人間ならば、各国に存在した。そのような知識は狭いところに寄り集まっていたからである。同じく万能芸術家も、一二世紀までさかのぼって見られる。建築術の問題は単純で一様だったし、彫刻と絵画においても、表現すべき事柄が、形式よりも重んじられていたからである。これに反してルネサンス期のイタリアでは、あらゆる種類で新しく、かつその種のものとして完成されたものだけを創造し、そのうえなお、人間としても、このうえもなく偉大な印象を与えるような、数人の芸術家に出あう。そのほか、本職とする芸術のほかに、はてしなく広い精神の領域において、同じく万能な人間もいる。

このブルクハルトの文章は、読むたびに感動を新たにするが、一五世紀のイタリアほど多面的な人間が輩出した時代は、歴史においてまれである。いかなる伝記も、その主人公の本格的な、すでにディレッタンティズムの域を脱した余芸をあげていないものはない。商人は政治家を兼ね、また古典学者である。ヒューマニストは古代ローマの自然科学者プリニウスを研究するかたわら、みずから博物標本の収集をすれば、古代人の地理学から出発して近代的な宇宙誌学者となる、といったぐあいだった。そしてこれら多能な人間のうえに、ほんとうの万能の天才がそびえている。イタリア-ルネサンス盛期から、数人あげてみよう。

### ❖万能選手アルベルティ

まず、レオン=バティスタ=アルベルティだ。彼は子どものときから、ほめられることにかけては何事であれ第一等であった。彼の体操や運動競技については、真偽に迷うような多くのことが伝えられている。脚を開かずに人々の肩の上をとびこえるとか、手に負えぬ荒馬が彼をのせると萎縮したとか。彼は師匠なしに音楽を学んで、しかもその作曲はその道の人々から驚異をもって迎えられた。貧に苦しみながら法律を研究し、疲労のあまり重病にかかるまでやめなかった。物理学や数学の研究に身をゆだね、同時に芸術家、学者から靴直しにいたるまでの手工職人に秘訣や経験をたずねつつ、世間のありとあらゆる技能に通暁《つうぎょう》した。そればかりではない。絵画、彫刻をよくし、ラテン語の作品も数しれない。また彼は自然界に感応する力をもっていたところから、人間の内心を透視する力、すなわち観相術を駆使した。ことに世人が驚嘆したのは、ふしぎなのぞき箱であった。そのなかに彼は、岩石の上に星空の月の出をあらわしたり、山や入江がはるか遠いかすみのなかまでつづく広い景色のなかを、日の光や雲の影を負って船隊がよってくるさまを見せたりした。

こういうアルベルティの万能選手ぶりには、舌をまくほかない。一身で芸術家、科学者、文人を兼ねることは、知識や技能が極度に分化した今日では、ほとんど不可能に近い。それを彼はいとも楽々とやってのけているのである。なんでもござれの万能選手は、えてして知識や技能が散漫になりやすい。が、アルベルティはそうではなかった。一見したところ雑多と思われる知識がちゃんと統一されているのであって、もしこの統一がなかったならば、彼はたんに恐るべき物知りにとどまったであろう。その証拠にアルベルティには『絵画論』一巻がある。この書物はおそらく西洋においてかかれた最初の、絵画の理論的研究である。彼は昂然としていっている。「私が論じるところによって、画家は従来なんぴとによってもとり扱われなかった問題について知るであろう」。前人未踏の世界を開拓しようとする意気さかんである。

## ❖ガリレオの多才

振子運動の等時性や木星衛星の発見者、「それでも地球は動く」といったと伝えられるガリレオ＝ガリレイ（一五六四―一六四二）を知らないひとはいないだろう。しかしガリレオはただの科学者ではなかった。子どものころから音楽が好きで、たくみに楽器を奏した。絵かきになろうと思ったほど画才があったし、詩についてもひとかどの見識をもっていた。『天文対話』と『新科学対話』を、当時の学者ことばであるラテン語によってではなくてイタリア語でかいたのは、ダンテの『神曲』のひそみにならったものである。さらに彼はパドヴァ大学の数学教授になってからも、自分の家に工場をたて、職人に器具をつくらせ、自分でもつくった。もちろん、そういう技術を理論と結びつける――ここがたんなる職人とちがう点だが――ことを忘れなかった。望遠鏡の発明がそうである。一六〇九年にヴェネツィアにいたとき、あるオランダのめがね屋が一種の望遠鏡をつくったといううわさを耳にした。それにヒントをえて、さっそく光学の原理にもとづいて望遠鏡をつくり、天体の観測を行なった。こうしてついに一六一〇年一月の夜に木星衛星を発見し、コペルニクス（一四七三―一五四三）がとなえた地動説を証明したのである。ガリレオはまぎれもなくルネサンスの万能の天才のひとりであった。

## ❖風変わりな科学者

イタリア人ではないけれども、自然科学の畠からもうひとり万能の天才をあげよう。ルネサンス時代のスイスに、パラケルスス（一四九三―一五五一）という科学者がいた。科学史家によると、パラケルススが樹立しようとした新しい医学説は幻想的な衣裳でかざられ、超自然的なものと物理的なものとの奇妙な混淆《こんこう》であって、彼が医学を発展させたか停滞させたかは、にわかに断定しがたい。ガリレオほど画期的ではない。いわんやベーコン以後の近代科学者の足もとにもよれない。たとえば彼の医学説はこうだ。

病気の原因についてパラケルススはいう。人間の健康を左右するものは、星の影響、毒物の影響、個体（小宇宙）のなかに存在する影響、精神を介して作用する影響、警告または刑罰として病気をおこさせるべく直接にはたらく神の意志、である。肉体内の太陽である心臓は肉体に光と温暖を与え、人間の脳髄は月とその影響に対応し、肺臓は水星、肝臓は木星、腎臓は金星、胆臓は火星に対応する。現代の医学からみれば、まったくばかばかしいの一言につきよう。

化学上の功績はいくらかまさっているようである。化学にたいする彼の貢献は、鉱物性および植物性の医薬の製造に化学を応用するという、化学的活動のための新しい分野を開拓したところにある。彼はたくさんの既知《きち》の化学的物質を臨床に用いたばかりでなく、医者にとって化学知識が必要なことを執拗にとなえ、実験の価値を強調した。このようにしてパラケルスス以後に、化学的な思索と活動のなかへ新たな生命がそそぎこまれることになった。

だが、こうした科学史家の好意的な評価にしろ、はたして額面《がくめん》どおりにうけとってよいであろうか。観察と実験という実証的精神をどの程度まで身につけていたであろうか。ルネサンス以後の自然科学は、中世の魔術や占星術にたいして合理的数学的ということを特徴とする。この点、パラケルススは中世の偏見や迷信から完全には脱しえなかった。じっさい、彼の医学説・化学説をきいていると、中世の錬金術師の部屋に立ちこめている妖気さえ感じる。したがって科学史ないし科学思想史上における彼の地位は、どうひいき目にみても、すばらしく高いものとはいえない。

しかしひるがえって考えれば、現代の科学者は、大宇宙たる自然と小宇宙たる人間との交流をパラケルススほど生き生きと感じているであろうか。宇宙内のあらゆる事物は、太陽も星も、植物も動物も、金属も水も、その精霊もしくは神秘的な性質を介して、人間の精神的ならびに肉体的状態に一定の影響をおよぼすとパラケルススはいう。そもそもこうした考えは、ルネサンス時代の新プラトン主義的神秘的哲学に由来する。それは、小宇宙《ミクロコスモス》たる個人に大宇宙《マクロコスモス》が反映しているとみなした。イタリアのヒューマニスト、ピコ＝デラ＝ミランドラ（一四六三—九四）は『人間の尊厳について』という論文のなかで、人間は世界の中心であり、神は人間をそのように創造したと説いている。

このような汎神論をどのように批判しようと、もとよりひとの自由である。けれどもそこに新鮮な生の息吹きがかよっていることは、否定できないのではなかろうか。ケプラー（一五七一―一六三〇）が天文学を研究したのは、天界の調和のために奏《かな》でられるたえなる音楽をきくためであった、とは有名な話だが、ケプラーにしろパラケルススにしろ、現代の科学者が見失ったたいせつなものがあったように思えてならない。ルネサンス時代における科学者は、八宗兼学であった。したがって厳密な専門家ではなかったけれど、反面、専門家がおちいりがちな狭い考えにとらわれず、のびのびとした態度で自然や人間にむかった。科学者の業績は、いかに画期的なものであろうと、しょせん後の科学者によって克服される運命にある。だが彼らをたんにそうした科学の進歩の線で論じるのは、浅薄といわなくてはならない。

パラケルススの本業は医者であって、スイスのバーゼル大学で医学を講義するかたわら、開業医となった。一五二七年に彼は「北方ヒューマニズムの王者」とよばれたロッテルダムのエラスムス（一四六五ごろ―一五三六）とはじめてバーゼルで会い、エラスムスのからだを診断した。彼の診断では、エラスムスの宿痾《しゅくあ》となった結石病は、腎臓における塩分の結晶が原因である。エラスムスは「もっとも卓越した医家アインジーデルンのテオフラストゥス＝パラケルススに挨拶を送る」手紙のなかで、パラケルススに感謝の意を表している。してみると、パラケルススは当代のヒューマニストと交渉があったらしい。神学論や哲学論をかいたのは、そういう影響であろうか。ともあれ、彼がルネサンス時代の万能人のひとりであったことは確かである。

# 政治学者の場合

## ❖マキアヴェリズムの創始者

科学の領域でガリレオの名を知らないひとがいないように、政治学の領域でマキアヴェリの名を知らないひとはいないであろう。政治技術とか政治と道徳との関係とか、彼が提出した問題は、五〇〇年後の今日もなお痛切である。ところで前章で一言したように、一四九四年にフランス王シャルル八世がイタリア遠征を企て、王の侵攻をうけてフィレンツェにおけるメディチ家の支配が倒れ、ふたたび共和政が復活した。マキアヴェリはこの復活した共和政府の一員として、はじめて公的生活にはいったのである。それから一四年間というもの、フィレンツェの内政や外交軍事のためにつくした。一五一二年にメディチ家が復帰して政権を握ると共和政府が倒れ、彼はメディチ家にたいする陰謀に加わったかどで獄につながれた。疑いははれたものの、もう政界にかえる道はとざされ、死ぬまで不遇だった。このような失意のうちに、彼の名を歴史に残すことになる『君主論』その他がうまれた。

世間一般の評判では、マキアヴェリという男は『君主論』で権謀術数、いわゆるマキアヴェリズムを説いた張本人ということになっている。マキアヴェリズムとは、政治目的のためにはいかなる道徳も念頭におかず、偽りも不正も、国家目的や政治必要のためにはあえて是認するという主義もしくは術策のことだ。彼が後世から非難されるのは、こうした非道徳的な説のためである。

マキアヴェリ

### ❖危機の政治学

しかしマキアヴェリを『君主論』の著者としてのみとらえることは誤りであって、少なくとも主著を総合して考察しなくてはならない。すると、こういうことがわかる。がんらいマキアヴェリは熱心な共和主義者であった。『ローマ史論』は古代ローマの共和政にたいする頌辞《しょうじ》である。そうした信念から、あのように長くフィレンツェ共和政のために粉骨砕身したのである。にもかかわらず彼が、『ローマ史論』とほとんど同時に、君主専制を謳歌する『君主論』を書いたわけは何か。一五世紀末におけるイタリアおよびフィレンツェの困難な局面が共和政のような政治形態ではとうてい打開できないこと、強力な君主が現われてイタリアを統一し外敵に当たる必要があることを、明白に知ったからにほかならない。

じっさい、フィレンツェにおいては、かつてあれほど旺盛だった共和主義精神が弱まり、政権が少数の有力者に移っていった。そしてついにはメディチ家のような独裁者を台頭させた。フィレンツェばかりでなく、イタリア諸国の一般的傾向であった。そうした独裁者にしたところで、要するに小都市国家の僭主にすぎない。おまけに、このころには市民社会が飽和状態に達し、進取の気風は地をはらってしまった。こうしたとき、イタリアの安逸の夢を突如やぶったのが外国軍の侵入で、イタリア小国家はひとたまりもなかった。マキアヴェリの政治学は、じつはこのようなイタリアの危機を目前にみて形成されたものだ。そこでは政局は不安定で、いたるところにすさまじい権力闘争が行なわれている。政治史家ヘルマン＝オンケンのことばをかりれば、「力のみが生の唯一の原則であるかに見え、この生たるや、もはやなんらの道徳的弁明も必要としなかった」。

こうした局面においてマキアヴェリが何よりまず政治権力の獲得や維持、そのにない手としての専制君主を論じたのは、当然であろう。チェザレ＝ボルジアのような政治家を賞賛したのは、彼のごときふつうの人倫を無視する人間、「獅子《しし》の勇猛と狐の狡智をかねそなえた新しい君主」であってはじめて、イタリアを救うことができると信じたからである。愛国者マキアヴェリにとって、イタリアの救済と統一こそ悲願であった。この意味で彼のあらゆる思索を集めたのは国家や政治に関する一般的学問的な問題ではない。あくまで一五、六世紀のイタリアの実際問題であり解決策であった。マキアヴェリの政治学は、こうして危機の政治学といわれなければならない。世間の非難がどうあろうと、政治や国家を神学的形而上学的な見地からはなれて一個の現実科学としてとらえた功績は不滅なのである。

## ❖マキアヴェリの多面性

だが、マキアヴェリは政治理論家である以上に実際家である。フィレンツェの軍事についての実際経験から『戦術論』を書いた。当時の傭兵が国をほろぼす所以《ゆえん》を洞見し、国民軍編成の急務を説いたのである。この企ては時期尚早で成功しなかったとはいえ、近代最初の軍事思想家としての名誉を傷つけるものではない。またもうひとつの主著『フィレンツェ史』によって、グィッチャルディーニ（一四八三―一五四〇）と並んでヒューマニズム的歴史叙述の代表者とみなされている。そのほか多くの詩をかき、なかんずく『マンドラゴラ』のような喜劇を残した。この喜劇はマキアヴェリの文学上の代表作であるばかりでなく、ルネサンス時代における諷刺《ふうし》喜劇の傑作である。『君主論』が当時の政治界を赤裸々《せきらら》に描いたとすれば、これはフィレンツェの風俗をあるがままに描いている。目的のために手段をえらばない政治家は、ここでは、人妻を手にいれるために術策を弄するフィレンツェ青年や、仲をとりもつ欲ばりの僧侶に姿を変える。いうなれば『君主論』の文学版だ。一五二〇年に上演されたとき、嵐のような喝采《かっさい》をあびたという。マキアヴェリの多芸多才は驚くべきである。

## 芸術家の場合

### ❖ルネサンス美術の開拓者ジョット

科学者と政治学者において万能の天才の一端を知ったが、芸術家の場合も同じで、徴候は早くから現われていた。たとえばジョットである。ルネサンス美術の発展において最初の巨歩をしるした画家だ。中世ビザンティン画風の生硬と神秘性から脱却して、人間、自然、事物を写実的に描いた。しかも人間を立体的にとらえ、微妙な心の動きをドラマティックに表現した。このジョットと師チマブーエとの出会いについて、ヴァザーリがこう伝えている。

父から羊番を命じられたジョットは、番をするあいだ、板石や土や砂に自然の事物とか幻想を描くのを常とした。ある日、羊に若葉をはませながら、他人からなんら絵画を学ばず、ただ天性にしたがって、とがった石で平たい板石の上に無心に羊を写生しているジョットの姿が、通りかかったチマブーエの目にとまった。できばえのみごとさにおどろいた彼は、自分といっしょに住む気はないか、とジョットをさそった。こうしてこの童子は、天賦《てんぷ》の才とチマブーエの指導とによって、たちまち師に匹敵する腕前となった。彼は人間や事物を自然のままに描いた。チマブーエの工房ではたらいていたときのこと、彼はチマブーエが描いた人物の鼻の上に一匹のハエを描いた。あまりにも真に迫っていたので、チマブーエはその作品の制作を続けようと画面の前にきて、ハエをほんものと思い、一度ならず手で追おうとし、はじめて気がついた。

こんな話もある。法王へ送るデッサンをかいたとき、無造作に一枚の紙をとり、腕をしっかり脇腹につけてコンパスがわりにし、その手を一回転させて奇跡と思われるぐらい正確に円を描いた。愚弄《ぐろう》されたと思った法王の廷臣が、「これよりほかのデッサンをいただけませんか」ときいた。ジョットは「それで十分でしょう、いや、十分すぎるでしょう」と答えた。送られてきたデッサンをみて、法王は彼が他の画家よりもすぐれていることを認めないわけにゆかなかった。ジョットの天才を見ぬけなかったというこの話から、「君はジョットの円より、もっと円《まる》い！」ということわざが生まれた。トスカナ地方では、「円い」ということばは、完全な円形のほかに、魯鈍《ろどん》で粗野な人間を意味するのに用いられるそうだ。

フィレンツェのウフィツィ美術館にある聖母子像や、アッシシのサン-フランチェスコ寺の壁画をみると、ジョットを厳粛いっぽうの宗教画家のように思う。が、彼はきわめて人間味に富み、冗談をいってはひとを哄笑《こうしょう》の渦にまきこんだ。ヴァザーリの本にはこういう逸話がたくさん書いてある。ジョットの名人芸を職人的と思ってはならない。ゴシック美術をルネサンス美術に転回させた当人であり、彼から絵画におけるフィレンツェ派が始まったのである。

サンタ-マリア-デル-フィオーレ

## ❖花の都のコンクール

一四〇一年に、フィレンツェの大聖堂サンタ-マリア-デル-フィオーレの洗礼堂の北側門扉をつくるに当たり、作者を公募した。南側の扉はすでにアンドレア＝ピサーノ（一二九〇ごろ—一三四八ごろ）が青銅浮彫りを完成していたから、こんどは北側の扉をつくろうとしたのだ。大聖堂はフィレンツェのシンボルであり、付属の洗礼堂も神聖なところである。そこで名のある芸術家たちが応募したが、審査の結果、ブルネレスキ（一三七七—

一四四六）とギベルティ（一三七八―一四五五）が残った。ブルネレスキは躍動するルネサンス的表現にすぐれ、ギベルティはゴシック芸術の枠を示した。結局、審査委員会はギベルティをコンクールの優勝者に決めた。ブルネレスキは彫刻はあきらめて建築に転じ、今後は彫刻において果たせなかった近代的技法を建築において活《い》かすようになる。一方、栄冠をかちえたギベルティは、二一年の歳月をかけて北扉の浮彫りを完成した。文字どおり彫心鏤骨《ろうこつ》の作品であって、敗れたブルネレスキに悔いはなかったに違いない。

このようなコンクールはフィレンツェでなん度も行なわれた。コンクールにおいては実力が決定的である。しかも衆人環視のなかで行なわれる。こういうフェアな競争は、フィレンツェのような都市でなければできなかったろう。

## ❖職人と芸術家

ところで芸術家といっても、ルネサンス時代においては、じつは中世の職人と甲乙がなかった。芸術家というものは、まだ社会的に独立していなかった。当時の詩人や学者と同じように、法王とか貴族とか富豪とか商工業組合とか、ともかく多かれ少なかれパトロンに頼らざるをえなかった。フィレンツェではメディチ家を筆頭に、パッツィ家、ストロッツィ家、ルチェルライ家などが、自家の礼拝堂や邸宅を飾ったり美術品を収集するために、美術上の仕事をする者を保護した。フィレンツェ以外では、ミラノのスフォルツァ家、マントヴァのゴンザガ家、フェラーラのエステ家などがパトロンとして知られていた。ローマ法王も有力なパトロンだった。しかし転変の激しい世だから、パトロンはいつなんどき没落するかしれない。没落したら最後、新しいパトロンを探さなくてはならない。漂泊《ひょうはく》の詩人とか芸術家という語は、たんなることばのあやではなかったのである。さて新しいパトロンの援助をうける場合、腕がなければ相手にしてくれない。腕とは、何よりもまず職人として仕事に熟練していることであった。そういう熟練に達するまでに、彼らは中世のしきたりそのままに、親方のもとで徒弟修業——一二歳ごろからおよそ一〇年間——にはげみ、親方と起居をともにして仕事を手伝う。そうしているうちにあらゆる技術を習得するわけである。一人前となってやっと組合に登録される。しかし登録後にも、彼らの多くはしがない暮らしに甘んじた。それだけに有力なパトロンを見つけることが、彼らにとって切実な必要となったのである。

職人ということばは英語では「アーティザン」といい、芸術家を表わす「アーティスト」から区別されることは、どなたもご存知であろう。そのさい、アーティストのほうがアーティザンより上等だ、高尚だというふうに、暗黙のうちに了解されている。だが、ほんとうにそうであろうか。芸術家と自称する人たちが、ろくに腕もないくせに腕を軽蔑したがる滑稽な風景が、現代の芸術家にみられないであろうか。ここで確認しておかなければならないことは、ルネサンス時代の芸術家がはじめはすべて職人から出発したということだ。彼らは、ローマ法王や貴族に仕え、富豪の注文に従い、彼らの満足を買わなくてはならなかった。職人的な仕事をしたのであって、かくべつ芸術家として尊敬を払われたのではない。にもかかわらず、ついに職人から芸術家の世界へたかく飛翔《ひしょう》した。この点にこそルネサンス芸術家の真骨頂《しんこっちょう》がある。職人をして芸術家たらしめたものはなんであったか。一言でいえば、新しい芸術の創造であり、これを確固とした芸術理論のうえに築くことである。そのとき彼らは中世の匿名《とくめい》の職人から個性的な芸術家へ飛躍する。ガリレオが職人根性の持ち主だったのに近代科学の先駆者となったように。あるいはマキアヴェリがフィレンツェ共和政府の役人から近代政治学の開拓者となったように。

こうみてくると、ルネサンス時代のいわゆる万能の天才の輩出には、科学者であれ学者であれ芸術家であれ、何か共通した条件が存したように思われる。それでは、共通した条件とはどういうものであったのだろうか。

# 出現の条件

## ❖経済生活と人間

現代においては、幸か不幸か、芸術と科学とはわかれわかれになっている。ひとりの芸術家が画家、彫刻家、建築家を兼ねることは珍しい。ましてや、科学者を兼ねることは至難のわざといってよいだろう。学問においても事情は同じだ。現代の学問の極度の専門化つまり細分化は、いくつかの学問に精通すること、いわんやそれらを総合することを不可能にした――そうした要求は日ましにたかまっているにかかわらず。では、どうしてルネサンス時代には、そのようなことが可能であったのだろうか。この問いに答えることはたいへんむずかしいけれど、万能の人が現われた条件として、少なくとも次のようなことがあげられるであろう。

すでに知ったように、ルネサンス時代のイタリアの特徴は、都市の繁栄や都市民の勃興にあった。商業、貿易、金融業と種類はちがっており、経済活動が活発に行なわれた。経済史家はイタリアに早くも初期資本主義がおこったことを指摘している。もっとも、イタリアではそうした経済の発展は中絶するのだが、少なくとも興隆期においては、人々は希望に胸をふくらませ、若々しいエネルギーを経済活動にそそぐことができた。自分の才能しだいで富裕にもなれば紳士の仲間入りもできるような社会は、経済が高度の発展をとげた現代社会とは、個人の活躍という点では比較にならない。譬喩《ひゆ》的にいえば、経済生活が人間を動かすのではなくて、人間が経済生活を意のままに動かした。したがって経済生活による人間の不具化とか抑圧はおこらず、むしろ経済のいとなみが人間能力を開発するまたとない領域のように見えた。「人間は意欲しさえすれば、おのが力でなんでもできる」といったアルベルティは、『斉家論』のなかで、資本主義精神の草分けとみなしてよいような経済論を述べている。

## ❖政治と人間

当時の政治生活がまた、個人に十分な活動の場を与えた。日本の歴史で戦国時代は、室町幕府の権威が地におち、群雄が割拠し、主君を弑《しい》し、骨肉あい食《は》む悽惨《せいさん》な光景がいたるところに展開した。食うか食われるかの時代だった。ルネサンス末期は、ちょうどこの戦国時代に当たっていて、日本と同じ戦国乱世であった。四分五裂し、小さな都市国家や君主がたえず争った。都市の内部でも勢力争いが絶えなかった。こうした混乱に加えて一五世紀末には外国軍が侵入したので、イタリアは混乱の極におちいった。

ところでこのような混乱が、それに便乗するのであれ収拾するのであれ、政治家に活躍のチャンスを与えた。そうするあいだに、彼らは、善悪という倫理的評価は別として、無類に個性的な人間になっていった。こうしたとき、政治家はもはや中世におけるように教会の後見を必要としない。あくまで自己に頼り、自己で責任を負う。第二に、彼は行動的でなければならない。かんじんなのは活動であって瞑想ではない。政治が活動生活の最たるものである以上、瞑想や神学的政治観は無用の長物であるばかりか邪魔になる。純然たる世俗的合理的思慮をもって、実際政治の立場から行動しなくてはならない。この場合も、政治家は政治のメカニズムによって動かされるのではなくて、かえってこのメカニズムを自分の目的のために利用する。たんなる勇気だけでなくて理知の力が必要である。いかなる局面にも対応できる能力をもつことは、政治家にとって、追求すべき理想ではなくて現実の必要であった。

## ❖芸術制作組織の進歩

芸術家の場合にはまた特別な事情があった。ルネサンス時代の芸術家が工房で職人としての修業をつんだことは、前言した。一五世紀のイタリアでは「ボッテガ」とよばれる工房システムが盛んだった。フィレンツェでは、画家のボッテガだけでも四〇をかぞえた。ボッテガは大

ヴェロッキョ

小さまざまだが、ふつう、中心になる親方と、親方の仕事を助ける仲間と、将来の親方をめざす見習いから構成されている。たとえば洗礼堂の門扉制作とか教会の壁画制作のような大規模な注文を受けると、ボッテガは全力をあげてその仕事に当たる。ギベルティが大聖堂サンタ-マリア-デル-フィオーレ洗礼堂の北側門扉をつくったときなど、三十数名の助手を使った。注文主としても、自分たちの希望や目的にかなうボッテガをえらぶ。だから大きなボッテガになると、どのような注文にも即座に応じられるように、職人群を養成していなければならなかった。彫刻家、鋳造家、下絵かき、金工家、建築家が、ひとつのボッテガのなかで雑居して、親方が統率している。といっても完全な分業体制ができていない。職人はどんな仕事でもこなす技術を身につけていなければならない。イタリア-ルネサンスの芸術家がボッテガの職人から出発したことは、彼らに万能の才を養う素地となったのは確かだ。むろん、問題はそれから先にある。アーティザンがすべてアーティストになるとはかぎらないのだから。

ルネサンス美術史家ドヴォルシャックは、こうしたことを一括して、製作方法の進歩変化といっている。中世ではすべての芸術活動がほとんど本寺の建築小屋に集まっていた。もっとも価値があり、もっとも模範的なものがそこでなしとげられ、もっとも重要な芸術家たちがそこからおこった。ところがいまや、芸術活動が集中し、若い芸術家たちが養成され、規準的な進歩が行なわれたところは、じつに個々のボッテガだったのである。そうした集団活動とは別に独特の位置をしめた個性的な芸術家がいなかったわけではない。アルベルティなどはそうである。しかしこれは例外であって、大半がボッテガ出身だった。フィレンツェでは、数あるボッテガのなかでも、ポライウォーロ=アントニオ（一四二九ごろ―九八）と弟ピエロ（一四四三―九六）とヴェロッキョ（一四三五―八八）の工房がいちばん有名であった。ことにヴェロッキョのボッテガは、一五世紀の最後の三〇年間はフィレンツェ美術の大学だったといっても過言ではない。

ドヴォルシャックはこう述べている。「学者の場合もそうであるが、その人物の意義がその人自身の創作活動にあるよりも、むしろ他の人々に個人的影響を与えたという点に求められるような芸術家がある。ヴェロッキョもこういう芸術家の一人であった」このヴェロッキョのボッテガにはいったことが、レオナルド=ダ=ヴィンチがつかんだ最初の幸運であった。なぜなら、いかに彼が稀有《けう》の天才であったにせよ、やはり磨かなければ光を発することができないからである。彼もアーティザンとしての修業をつみ、しだいにアーティストに自己変革をとげてゆく。

### ❖万能の人の原型レオナルド

こうして、以上二章のしめくくりとして、レオナルドが登場する。あらゆる条件が、レオナルドの登場にふさわしかった。もちろん、そういう条件を活用して芸術家になることはレオナルド自身の問題である。では、どういう意味で彼はルネサンス的人間であるか、万能の人であるか。ブロノフスキとマズリッシュの『ヨーロッパの知的伝統』が要領よく述べているので、紹介して次章への前置きとしたい。

レオナルドは、なすことができたであろうと思われるよりはるかにわずかなことしかなさなかったし、その彼がなしたことの大半が、消滅したり、忘失されている。しかし、彼は時代の抱負を自分自身のなかにいだいていて、それに生命を与えた。この意味において彼はルネサンスの人間だった。まず第一に、彼は人間の生まれながらの天分にたいする信念の化身であった。彼はルネサンスの人間の感情を身にそなえ、それを現実化した。このルネサンスの人間の感情とは、すべて個人はみずからのなかに無限の可能性を秘めていて、ある一種類の仕事にたいして丹念な修業とか、修道僧のような生涯にわたる献身とかを求めるのではなく、ただその個人がその可能性を開花させることのできる適当な環境を求める、といった感情である。あらゆる人間的な達成は個人のなかにそなわっているものだというこの感じ方こそ、ルネサンス的信念の肝要の点である。

第二に、レオナルドが得た知識は、古代の先人たちの学問をほとんど顧慮することなく、彼自身の眼に映じたものにかぎられていた。彼の関心は古代の権威にではなくて、直接に自然そのものに訴えることにあった。第三の点がここから出てくる。レオナルドは発明家であり、何世紀間も見のがされてきた意味を自然の細部のなかに見つけた人間であった。彼の新しい眼は外見の背後にかくされている事物の構造を透視し、皮膚の色を出すことのみならず、筋肉の下にある骨格に関心を払った。このような発見を彼は工房から実験室にもちこんだ。彼はこうして芸術家の眼を、科学者にとって不可欠な資格の一部とした。

レオナルドは未知なるもののあくことなき探求者の原型であった。あくことなき探求が彼を万能の人たらしめた窮極の秘鍵だった。レオナルド研究家ローゼンベルクは、こうしたあくなき探求ということからレオナルドをイタリアのファウスト博士になぞらえた。つねにファウスト的衝動にかられて、達しえられないものを探り求めたというのである。しかしレオナルドは、万物の支配力を手にいれるために悪魔に自分のたましいを売る約束をした、一六世紀のドイツの神秘家ではない。また現代イギリスの第一流の美術史家ケネス゠クラークは、レオナルドを

「美術史のハムレット」とよんだ。だがレオナルドは、「生きるか死ぬか」に迷ったデンマークの王子のような知的懐疑家ではない。彼を包むのは北欧の霧でもなければドイツの暗い森でもない。生まれ育ち活動したのは、明るいイタリアの空のもとにおいてである。一五世紀半ばから一六世紀はじめにかけて、イタリアのルネサンスを背景に生きた芸術学科学者だ。しかもレオナルドは「ウォーモ・ウニヴェルサーレ」であるがゆえに、いかなる時代いかなる国をも超出する——彼がルネサンス時代のイタリア人であったということがたんなる歴史の偶然と見えるまでに。

# Ⅲ

# レオナルド＝ダ＝ヴィンチ
## ——その生涯と業績

# 青春時代の霧

## ❖出生のなぞ

『レオナルドの世界』の著者ウォレスは第一章に「青春時代の霧」という表題をつけた。が、霧にとざされているのは青春時代だけではない。これほど名のとおった人間でありながら、六七年の生涯はわからないことだらけなのである。レオナルドの没後四五〇年のあいだ、数えきれないほどの研究家がふき払おうとつとめたにかかわらず、深い霧が依然として彼のまわりにたちこめている。凡人にはときがたい謎を天才は多かれ少なかれもち、それがまた人々の探究心をかきたてるのだが、それにしてもレオナルドくらい不可解事にみちている人間はいない。その出生からもう、われわれをとまどわせる。

トスカナ地方のアルバノ山の西側丘陵地帯に、ヴィンチという小さな村がある。中世の城砦《じょうさい》が白壁の家々の上にそびえ、ぶどう畠のあいだに柳がたつ（ヴィンチとはイタリア語でしだれ柳

ヴィンチ村

の意)。トスカナの首都フィレンツェをへだたること二〇キロあまり、俗塵にそまらぬ閑寂の地である。このヴィンチ村に、レオナルドは一四五二年四月一五日、セル＝ピエロ＝ヴィンチとカテリーナとの私生児として呱々《ここ》の声をあげた。祖父アントニオが一四五七年に作成した税務申告書に、当時の家族が、祖父アントニオ（八五歳）、その妻ルチーア（六四歳）、息子セル＝ピエロ（三〇歳）、その妻アルビエーラ（二一歳）、叔父フランチェスコ（二二歳、申告書にはこの叔父は無為徒食とある）、ピエロの庶子レオナルド（五歳）からなるむねがしるされ、これによってレオナルドの生年が判明したのである。

　家は一三世紀いらい代々公証人（セル）をつとめ、暮らしは楽なほうだった。父ピエロは当時は独立してフィレンツェ裁判管区の公証人となっていた。

二五歳の彼はカテリーナとよぶ村娘と恋におち、レオナルドが生まれた。しかしピエロはカテリーナとわかれ、同じ身分の娘アルビエーラと結婚した。いっぽう、カテリーナもヴィンチ村の農夫にとついだ。この男の名が知られているのは記録がのこっているからだが、カテリーナ自身のことはまったくわからない。レオナルドが五歳になるまで実母カテリーナの婚家先で養育されたのか、それとももっと早く祖父と父のもとにひきとられたのかも、不明である。確実なことは、ピエロとカテリーナとのかりそめの恋からレオナルドがこの世に生をうけたということだけである。

### ❖遺伝学は何も証明しない

フランスの大数学者ポアンカレが、自然科学における偶然を論じ、おおむね偶然の存在を否定した。科学者であるからには当然だが、さすがのポアンカレ先生も偉人の誕生にはかぶとをぬいでいる。「最大の偶然は偉人の誕生である。互いに反応して天才を生む運命をもつ神秘な要素をともに裡《うち》に蔵する男女両性の生殖細胞が互いに出会したのは、まったく偶然によるにほかならない」。現代の遺伝学ないし優生学にたいして、ピエロとカテリーナとの結婚は、おあつらえ向きの材料を提供してくれない。というのは、ピエロは才覚のあった男と見え、その後着々と地位を築き財産をふやしていったものの、芸術的才能はひとかけらもない。カテリーナは名もない村娘にすぎない。強いて遺伝というなら、レオナルドが父からうけついだ絶倫の精力かもしれない。ピエロは第一、第二の妻によっては子をつくらなかったけれど、五〇歳をこえてから結婚した第三、第四の妻とは一ダースに近い子女をもうけたからで。これらの子女は、レオナルドを除いてはなんら名をのこしていない。父の絶倫の精力をうけついだとはいえ、レオナルドは一生を独身でとおし、およそ女性とは縁がなかった。遺伝学はいっそうあやしくなる。ともあれ、ピエロの第三の妻から最初の異母弟が生まれる二四歳まで、彼はひとりっ子として寵愛をあつめた。異母弟の出生は、父や叔父の遺産相続をめぐって、のちにめんどうな訴訟沙汰をおこすことになる。

### ❖私生児の地位

ところで私生児ときくと、なにか暗い運命を連想しがちだ。しかしレオナルドの場合、私生児のゆえに日蔭者《ひかげもの》になるとか、世間から爪はじきされるとかいった心配はなかった。ルネスサンス時代のイタリアでは、そういう出生はべつに恥辱と考えられなかったのである。ブルクハルトが述べている。「イタリアでは、正統な出生などはいわばおまけでしかなかった。イタリアでは主要な系統のなかになんらかの不純な血筋がはいっているのを、平然と許していないような君侯の家門は一つもなかった」。ナポリのアラゴン、ウルビーノ、フェラーラのエステ家、みな然《しか》りである。この国では、どんな場合にも、個人の価値と才能、つまり適否が、他の西欧諸国の法律や習慣よりも幅をきかしていた。傭兵隊長にいたっては、適法違法は問うところでなかった。どこの馬の骨か、わからないのである。

芸術家においてもそうだった。アルベルティ、ジョヴァンニ＝ベリーニ（一四三〇ごろ—一五一六）、ジョルジョーネ（一四七八—一五一〇）はすべて私生児である。ルネサンスはそういう闊達《かったつ》な時代だったのである。もっとも、ブロノフスキとマズリッシュは、「レオナルドが自分の変則な生まれや少年時代を気にしていたふしがあるのはやや奇妙である。レオナルドの性格の内向性、なにかよそよそしい秘密、男性的官能の欠如といったものは、分裂性の子どもの特徴のように思われる。彼の行動には、いつもなにかぎごちなさ、口には出さないが考え深げな反抗があり、そのために母が正当な地位を占めていない家庭における無口で我《が》を張る少年といった姿が浮かんでくる」といっている。が、レオナルドのそうした性格が私生児という生まれと関係があるとは断定しがたいであろう。

## ❖母を恋うる記

レオナルドの幼年時代に関する記録はないに等しい。ただ、レオナルド自身の『手記』に次のような意味深長な記述がある。「たしかに鳶《とび》について述べるのが私の宿命らしい。なぜかならわたしの幼年時代の最初の思い出のなかに次のようなことがあった。すなわち、わたしが揺《よう》籃《らん》のなかにいると一羽の鳶が私のところへやってきて、その尾で私の口を開かせ、そしてなん度もなん度もその尾で私の唇の奥を撫《な》でてくれたような気がしたのである」。

意味深長といったのは、この数行のことばから、フロイトのような精神分析学者が母親にたいするレオナルドの変態的な性愛を類推しているからだ。トンビが尾で唇の奥をなでたのは、母が子を熱烈に愛したことを暗示するというのである。だが母が子をいつくしむのは自然の情に発する。わが子からひきはなされるさだめと知ってカテリーナがレオナルドを熱愛したのに、なんのふしぎがあろうか。子が母の思い出を胸の奥に秘めていたのも当然であろう。それをことさら変態的というのはおかしい。のちにレオナルドが描いた『聖アンナ』のなかのマリアの衣服がトンビの形をしていて、その羽根がキリスト（つまりレオナルド）の口にさしこまれているとみなすにいたっては、妄想もいいところである。

レオナルドの思い出は、このようにほとんどのこっていない。彼の最初の伝記を書いたヴァザーリの記述にしろ、全部が全部、信用するわけにはいかない。たとえばこうだ。あるとき、父は村人から絵をかくことを頼まれたが、ふと思いついてこれをレオナルドにまかせた。すると彼は野山を歩いて、毛虫やトカゲや蛇やカマキリといったおぞましい生物をとらえ、これらを組みあわせて一匹のおそろしい動物に仕上げて絵をかいた。レオナルドは絵をわざと暗いへやにおき、画面に光があたるように工夫しておいてから、父を部屋に入れた。父ははいったとたん、おそろしさのあまり悲鳴をあげたが、絵だとわかって安心するとともに、子の画才と空想力に驚嘆した。

前にジョットについてのヴァザーリの同工異曲のエピソードを紹介したが、レオナルドのこのエピソードも、ほんとうかどうかは確実でない。しかしひとつの真実をつたえてはいる。レオナルドが幼少のころからすばらしい画才とゆたかな空想力をもっていたこと、しかもその空想が自然の観察にもとづいていたことだ。じっさい、彼は自然や生物、動物の観察を好んだ。ことに馬を愛し、自分で飼って暇あるごとにスケッチした。こうして一方では生母への抑えがたい思慕——なるほど一家の寵児ではあったけれど、心はみたされず、彼を孤独に追いやった——、他方では朝な夕なヴィンチ村の風光に親しんだこと、それが幼年時代のこころの糧《かて》となっていた。

## ❖ヴェロッキョの門にはいる

レオナルドの画才を知った父は、かねがね懇意のヴェロッキョを訪れて二、三の作品を示した。ヴェロッキョはレオナルドのなみなみならぬ才能を認め、異議なく工房にはいることをゆるした。ピエロはフィレンツェ政庁公証人の仕事が忙しくなったので、ヴィンチ村の家を弟フランチェスコにゆずってフィレンツェに移った。レオナルドははじめて花の都に住む身となる。一四六六年ごろのことである。

ところでヴェロッキョは、師のドナテーロ(一三八六ごろ―一四六六)のような力強さは欠いたけれど、優雅や精練された技巧をしめし、フィレンツェ派の頭目のひとりであった。彫刻家のほかに画家、金細工師としても名をなし、音楽や数学にも通じる万能人だった。したがって彼の工房は芸術家養成所の観を呈した。ここでは顔料の科学的製法、油絵絵具の改良、衣服のひだの研究、青銅鋳造法などの新しい試みが行なわれ、明暗法や遠近法の研究も進んでいた。レオナルドの同僚には、ペルジーノ(一四四六―一五二三)とかクレディ(一四五九―一五三七)がおり、ボッティチェリ(一四四四―一五一〇)も先輩格で工房に出入りしていた。

こうした活気にみちた工房にはいったことは、レオナルドの修業にどれほど寄与したか、はかりしれない。いかにレオナルドが稀代《きたい》の才の持ち主だからといって、徒弟時代における良き師――ヴェロッキョは結婚せずに仕事に明けくれ、徒弟をわが子のように愛育した――、すぐれた同僚との切磋《せっさ》、基礎訓練がなかったならば、真骨頂を発揮できなかったであろう。問題はレオナルドが「藍《あい》より出でて藍より青く」なるかどうかである。

レオナルドがヴェロッキョの門にはいったころ、芸術はフィレンツェ文化のもっともかぐわしい花だった。ヴェロッキョ工房の殷盛《いんせい》も、そうしたフィレンツェ芸術界の反映にほかならない。そしてこのフィレンツェ文化の盛況は、メディチ家の保護によるところが大きい。事実、ヴェロッキョもメディチ家の庇護をうけた。サン＝ロレンツォ寺院にあるコジモ＝デ＝メディチ（一三八九―一四六四）やピエロ＝デ＝メディチ（一四一六―六九）の墓棺は、ヴェロッキョの作である。ここでメディチ家支配下のフィレンツェやフィレンツェ文化について数言しておくのがよいであろう。

### ❖「祖国の父」コジモ

メディチ家繁栄の基礎はコジモ＝デ＝メディチによっておかれた。彼は家業の銀行業に精をだしてメディチ家の財力を一段と大きくした。だが政界では表面にたたず、腹心の者を要所要所に配して、陰から糸をひいた。名をすてて実をとる商人の手口がうかがえる。こうしてコジモの声望がたかまるにつれて、反対派のアルビッツィ一派はメディチ家の失脚をねらい、一四三三年にコジモをとらえた。アルビッツィ派は死刑を主張したが、コジモは政府内に味方をつけていたため国外追放にとどまった。そして一年たつかたたぬかに堂々とフィレンツェに帰り、アルビッツィ派を追放した。以後のコジモは、形式上では一市民にすぎなかったとはいえ、事実上の独裁者だった。三〇年にわたる彼の支配のもとでフィレンツェは隆々たる発展をとげた。息子のピエロが父にたいして「賢明なるのみならず幸福な商人」と頌辞《しょうじ》をささげ、市民が

「祖国の父《パテルー　パトリアエ》」とたたえたのも無理はなかった。

じっさい、コジモの政治中にフィレンツェは近隣に領土をひろげたばかりか、多年来の党争を収束し、政治的安定をもたらした。このような繁栄に立ってコジモは文化の保護につとめた。東ローマ帝国がトルコによって滅ぼされ（一四五三年）、東ローマの学者がそれより先イタリアに難をさけると、彼らを厚く遇した。プラトン学者ゲオルギオス=ゲミストス=プレトン（一三五五ごろ―一四五〇ごろ）を後援し、フィレンツェにプラトン学院をたて（一四四〇年）、ギリシアの学問の復興に貢献した。それまでの古学復興は主としてラテン文化だったのである。フィレンツェで活躍した学者芸術家で、コジモの庇護をうけなかった者はいないといっても過言ではない。

コジモ=デ=メディチ

### ❖ロレンツォ=イル=マニフィコ

コジモをついだピエロは病弱なうえに能なしだった。五年間フィレンツェをどうにか支配して死ぬと、反対派のパッツィ派が、好機逸すべからずとメディチ家の顛覆をはかった。一四七八年四月二六日、ピエロのふたりの子、すなわちロレンツォ（一四四九―九二）とジュリアーノ（一四五三―七八）の命をねらった。大聖堂でミサの最中に兄弟をおそったのである。ジュリアーノは殺されたが、ロレンツォは危うく虎口を脱した。パッツィ派は暴動をおこそうとしたけれど、市民は応じないどころか、メディチ家の館の前にあつまり、ロレンツォが無事な姿をあらわすと歓呼の声をあげた。失敗者のゆく先は絞首台ときまっている。しかしロレンツォの前には、もっと大きな危険が横たわっていた。反メディチ家の陰謀者一味にピサ大司教がはいっていて、パッツィ派といっしょに絞殺された。怒った法王シクストゥス四世（在位一四七一―八四）は、フィレンツェを破門に処し、ついで法王と共同戦線をはったナポリ軍がフィレンツェ領に侵入した。ミラノとヴェネツィアもこれに同調する。フィレンツェは四面楚歌《そか》となった。このとき、ロレンツォは離れわざを演じた。ナポリ王を味方につけるべく、単身ナポリにのりこんだのだ。ナポリ王はロレンツォのあまりの大胆さにおどろき、かえって彼の和議に応じた。ロレンツォがフィレンツェにもどったとき、市民の拍手喝采をうけたのはいうまでもない。

　ロレンツォの権勢はいまや祖父コジモをしのぐ。フィレンツェ共和政はもはや形骸化し、ロレンツォは無冠の帝王である。結婚政策で法王と姻戚関係をむすぶ。次男ジョヴァンニを枢機卿にし（のちの法王レオ一〇世）、以後、メディチ家出身の法王は、一、二にとどまらない。ヴェネツィアやミラノとも和平を回復した。一五世紀後半におけるイタリアがわりと平穏だったのは、フィレンツェを軸として勢力均衡が維持されたおかげである。よかれあしかれ、ロレンツォは盛期ルネサンスを代表する。世人が「イル=マニフィコ」（豪華の人）とよんだように、生涯、贅《ぜい》のかぎりをつくした。風光明媚の領地に別荘をいとなむ。派手な競技会をもよおす。宝石のために金を湯水のように使う。ランディーノ（一四二四—一五〇一）というヒューマニストが『カマルドリ論議』のなかで、ヒューマニストたちがつどうた、みやびやかな宴《うたげ》のさまをえがいている。カマルドリはカセンティーノ山中にある修道院で、ここで彼らはかつてプラトンが『饗宴』でかいたような論議をたたかわせた。ロレンツォもお歴々のヒューマニストにまじり、わたり合うほどの哲学的頭脳をもっていたし、詩や劇もつくった。

ロレンツォ=イル=マニフィコ

　ロレンツォは家業の銀行業などはほったらかしにして贅沢三昧《ざんまい》にふけったから、晩年にはメディチ家は破産にひんした。メディチ家の衰退はフィレンツェの衰退に、ひいてはイタリアの勢力均衡の破綻につながる。この一代の驕児《きょうじ》が死んだのは、フィレンツェがフランス軍の侵入をうける二年前である。歓楽によいしれていたフィレンツェは、じつは風前のともしびの状態だったのだ。その事情はあとでみることにしよう。

### ❖フィレンツェ派の多様性

レオナルドがフィレンツェ生活をはじめたのは、ちょうどこうしたロレンツォのもとでメディチ家が全盛をほこったころに当たるが、芸術界はどうであったろうか。フィレンツェ市民社会が新鮮な芸術運動の温床となったことは、みやすいところであろう。この芸術運動を総括してフィレンツェ派とよぶ。フィレンツェ派の特色は、何をおいてもまず多様性にあった。美術史家ベレンソンがこう述べている。

ヴェネツィア派の人々の意義は、彼らが画家であるということに尽きている。しかしフィレンツェ派の場合にはそうではない。たとえ、彼らが画家であったことを無視するにしても、彼らはなお偉大な彫刻家として存在する。彫刻家であったことを無視するにしても、彼らはさらに建築家として、詩人として、また科学者としてさえも存在する。彼らの試みなかった表現形式は何ひとつとしてなかった。そして、そのいずれにたいしても彼らは、《これこそわが意を完全に伝えるものだ》と言いきることができなかった。それゆえに絵画は、彼らの人格をたんに部分的に表現するにすぎず、必ずしももっとも的確に表明するものではなかった。したがってわれわれは、その作品よりも芸術家としての彼らのほうを偉大であると思い、また、芸術家としての彼らよりも、人間としての彼らがその上に高くそびえているのを感ずるのである。したがって、フィレンツェ派の画家を、ある一つの必然的な発展過程における二点間を結ぶだけのものとして扱うことは、当を得たことではないであろう。フィレンツェ美術の歴史は、ヴェネツィア美術のそれのように、波乱のない発展を研究するものではありえない。天才たちはいずれも、その芸術に偉大な知性を有効に働かせた。この知性は、たんに人を喜ばせるだけに満足せず、人生について理解したものを、他人に適切に伝えることができるような形式に再現しようとして、たゆまず努めたのである。そして、こうした努力の過程で、天才たちはそれぞれ、本質的に自分自身の形式を創造するように必然的に余儀なくされることになった。しかしながら、フィレンツェ派絵画は、とりわけ、偉大な人格によって形成された芸術であったから、それは最高の興味のある諸問題と取り組み、その価値のけっして失われることのない解決を提供した。

こうしたフィレンツェ派の多様性は、もう一度くり返せば、フィレンツェ派が万能人の集まりであったことを意味する。その頂点にレオナルドが立つわけだが、レオナルドにいたるまでのフィレンツェ派の発展を一、二の画家についてみよう。

## ❖近代絵画の祖マサッチョ

マサッチョ（一四〇一ごろ―二八）は、若くして死んだが、ジョット以後に最初にでた大画家で、絵画におけるフィレンツェ派をはじめた。フィレンツェのサンタ＝マリア＝デル＝カルミネ寺のブランカッチ礼拝堂に描いた一連の壁画が、もっとも有名である。師のマソリーノ（一三八四―一四四七ごろ）のゴシック趣味をしりぞけ、新たな画風をつくった。画面の単純化によって主題の精神を表わそうとし、そのために空間の遠近関係や光の明暗効果にとくに意を用いた。建築家ブルネレスキからは建築の法則とか幾何学的な透視図法を、彫刻家ドナテーロからは自然観察と古典精神にもとづく人体彫像を学び、それらが渾然《こんぜん》としてとけ合った。こうしてマサッチョは近代写実主義のもとをひらいたのである。余談になるが、カルミネ寺の礼拝堂は若い芸術家にとって美術の学校のようなものであった。あるとき、ミケランジェロは壁画をみて、これくらいは自分でもかけるといって仲間から顔をなぐられた。彼の鼻が曲がってしまったのはそのためである。

マサッチョが夭折《ようせつ》してからのち、ウッチェロ（一三九七―一四七五）、ヴェネツィアーノ（一四〇六―六一）、フラ＝アンジェリコ（一三八七ごろ―一四五五）、フィリッポ＝リッピ（一四五七―一五〇四）、ゴッツォリ（一四二〇―九七）、ピエロ＝デラ＝フランチェスコ（一四一六ごろ―九二）などが、フィレンツェ派の主流を形づくる。画風にちがいはあるにせよ、マサッチョの近代写実主義を発展させた点では、軌を一にしている。

一五世紀後半に絵画の科学的正確はいよいよ進んだ。ポライウォーロとヴェロッキョとは写実主義に徹した。さらにギルランダーヨ（一四四九―九四）は、ミケランジェロの最初の師だったが、精密な自然観察にもとづいて風俗画に写実主義を応用した。風俗をとりいれた肖像画も彼の特技で、フィレンツェのサンタ＝マリア＝ノヴェルラ寺の壁画はメディチ家時代の風俗をつたえている。

## ❖異教者ボッティチェリ

こうした写実主義の全盛のなかにあって、ボッティチェリは独自の境地を開拓した。われわれはすでにヴェロッキョの工房でレオナルドの兄弟子として彼を見いだした。レオナルドが当時の画家のなかで言及しているほとんど唯一の画家である。ただし、風景研究などはくだらないものだといったボッティチェリをレオナルドは非難しているのである。それはともかく、彼ははじめリッピに絵を学び、ヴェロッキョのもとで修業にはげんだ。するうち、フィレンツェを中心としたヒューマニズムの感化をうけ、好んでギリシアやローマの神話に題材をえた異教的な絵をかいた。わが国ではルネサンス画家のうちでいちばん人気のある画家だから《プリマヴェーラ（春）》や《ヴィーナスの誕生》は、みなさんもご存じであろう。詩的表現の妙、感覚の繊細は他に類例がない。

だが、ボッティチェリの心のなかには、なお中世の禁欲思想がのこっていた。中世的禁欲主義と異教的現世主義との矛盾から彼の魅力ある絵がうまれた、ともいえよう。やがて彼の晩年におこったメディチ家の凋落やサヴォナローラの出現などは、ボッティチェリに深刻な影響をおよぼす。とりわけサヴォナローラの狂熱的な信仰に動かされ、しだいに神秘的な性格をおびるようになったが、芸術家としての生命はそれで終わった。

このようにフィレンツェは一五世紀後半は写実主義の道をひたすらに進んだ。が、すべての芸術運動においてそうであるように、ある様式の完成は別の新しい様式をうみ出すようにせまられる。つまり、写実主義のきわまるところ、ついに転機がこなければならず、新たな方向をめざして胎動する。一五世紀末はこうした写実主義から新たな方向への過渡期だった。この新たな様式が古典主義にほかならない。古典主義への道はしかしけわしかった。レオナルドは黙々と孤独のうちに自己の道を歩みつづけ、古典主義を確立するのである。ヴェロッキョの門にはいったところで筆をおいたけれど、これからレオナルドの歩んだ道を追跡してゆこう。

アルノ渓谷スケッチ

## ❖レオナルドの修業時代

さて、レオナルドはヴェロッキョの工房で徒弟としてあらゆる基礎的技能を修め、一四七二年に徒弟時代を終えて、フィレンツェ画商組合に加わった。しかし一四七八年まではなお工房にいて仕事を手伝った。画商組合に「マエストロ（親方）」を登録されたものの、独立はむずかしかったからである。

この助手時代にレオナルドははやばやと天稟《てんぴん》をあらわした。たとえば一四七三年八月五日の日付け入りの風景素描画は、おそらく故郷ヴィンチ村付近のアルノ渓谷を写生したものと思われる。右手の断崖絶壁のものすごさ、流れおちる滝の勢い、滝つぼの奔流、左手の堡塁《ほうるい》をめぐらされた町のたたずまい、そのあいだを蛇《だ》行《こう》する川、はるかに展望される平野の趣き、すべて、レオナルドの周到な自然観察を示していないものはない。中世の型にはまった風景画、人物のたんなる添えものとしての風景を見なれた目には、まことに新鮮にうつる。それはまさに、すでに第一章で知ったルネサンス人の自然感情である。

風景画ばかりでなくて、人物スケッチもそうである。読者はおぼえているであろうか、メディチ家のロレンツォ、ジュリアーノ兄弟にたいする暗殺事件を。犯人ベルナルド＝バンディーニはトルコに逃れていたが、メディチ家との交渉でフィレンツェに護送され、翌一四七九年一二月にシニョーリア広場で絞首刑に処された。当時の習慣で処刑図が政庁の壁に描かれることになっていて、ボッティチェリが委嘱された。このときレオナルドが公けの依頼をうけたかどうかは、はっきりしない。が、彼も処刑の現場で最後までみとどけた。このスケッチでは衣類が着色され、「黄褐色の臀部《でんぶ》、黒い胸衣、きつねの皮でふちどられた青い上衣、黒い靴」という説明句が、右から左へかくレオナルド独特の筆跡で――逆文字だから鏡にうつしてはじめて正読できる――かかれている。残酷な光景にもたじろがぬ精神の強さと観察の鋭さが感じられる。のちに彼は図解解剖学の祖となるが、素地はとっくにできていた。しばしば処刑者や病死者を解剖し、その数は三〇体にものぼったという。

絞首刑スケッチ

## ❖《キリスト洗礼図》の天使

この二つのスケッチはレオナルドじしんの日付けや説明句があるから、彼の作品であることは疑いをいれる余地がない。ところがヴェロッキョの助手として、何を、どの程度、手伝ったかは判然としない。工房の組織を思いだしていただきたい。大勢の弟子が親方の指導で雑多な仕事をする。でき上がった作品は親方と弟子との合作であるが、当時の習慣では親方の作品として通った。すぐれた弟子をもつことは、したがって親方にとって有利であり自慢のタネでもあった。弟子はこういう習慣をべつだん怪しまなかった。だとすると、レオナルドが師ヴェロッキョの制作に参加したことは大いにありうる。けれど一幅の絵で、どこからどこまでがヴェロッキョ、どこからどこまでがレオナルドの筆、と区別することは至難である。

にもかかわらずレオナルドの天稟は光を発せずにいない。ヴェロッキョ作として知られる《キリスト洗礼図》（一四七一、二年ごろ）をみるがよい。岩山や川を背景に洗礼者ヨハネがキリストの頭上に鉢の水をそそいでいる。左側には棕櫚《しゅろ》の前に二人の天使が跪《ひざまず》いている。ひとりはおどろいたような目つきで左端の天使をみつめ、もうひとりの天使は恍惚として中央のキリストの洗礼をみつめている。問題は左端の天使だ。それがレオナルドの筆であることは、十中八、九まちがいない。彼の特徴をことごとくあらわしているからである。たとえば、衣服のひ

キリスト洗礼図　天使

だだ。レオナルドはひだに特別の関心をはらい、多くのデッサンをのこしている。それから天使のゆたかで美しい髪だ。レオナルドは美しい毛髪に異常なまでの愛着をもち、毛髪美を表現するために工夫《くふう》に工夫をかさねた。そうした特徴がはっきり天使にみとめられるのである。ヴェロッキョの天使は写実的で、一五世紀の天使の様式にしたがっているのに、レオナルドの天使は、ヴェロッキョとまったくちがった様式を示している。

からだを横にねじまげたポーズも、のちの《岩窟《がんくつ》の聖母》中の天使に似ているし、背景の風景が、われわれが前に知ったアルノ渓谷の素描そっくりである。おそらくこの部分もレオナルドの筆であろう。もちろん、《キリスト洗礼図》におけるレオナルドが完璧だというのではない。ただ、レオナルド的なものがすべて萌芽的に示されていることに注意されたい。そしてこれらにもましてたいせつなことは、天使がキリストをみつめるまなざしや動作が、敬虔《けいけん》な気持を心にくいまでに表現していることである。ヴァザーリはかいている。「其《その》天使は彼の未《いま》だ年少なるに拘《かかわ》らずアンドレアの人物に比して勝《まさ》ること数等なりしかばアンドレアは己の画技白面《はくめん》の一少年にだに若かざるを慨し爾後《じご》全く筆を絶つに至れりという」（故児島喜久雄先生の文語調の訳は格調高い名訳なので、皆さんには読みづらいかもしれないが、かな使いを改めたうえで拝借することにする）。じじつ、ヴェロッキョはこの絵をかいてからは、自分のほんらいの領域である彫刻に専心し、絵らしい絵をかいていない。レオナルドの天分にショックをうけたのだ。

もうひとつ付言するなら、ヴェロッキョのテンペラ画にたいして、レオナルドの油絵という決定的なちがいがある。テンペラ画は一五世紀後半まで、もっとも普通の絵画技法であった。たまごの黄味とか蜂みつ、その他を水でといた絵具でかく。すると、絵具の塗りが薄膜状になって、すぐに乾く。そのため長持ちする。だが、ぼかしといった微妙な色彩がえられない。これにたいして油彩はあたらしい画法である。テンペラの顔料を油でとかしたもので、フランドルの画家ファン＝アイク兄弟（一三七〇—一四二六、一三九〇—一四四一ごろ）が発明し、一五世紀中ごろイタリアにつたわった。フィレンツェ派ではポライウォーロやヴェロッキョも熱心に研究していたが、レオナルドはぼかし（スフマート）とか明暗や丸味をつけるとか独特の工夫をこらしたのである。この新しい絵具と画法で天使と風景を描いた。その結果、テンペラ画ではえられない濃淡や色彩効果をあげることができた。そのかわり、油が画面にしみ出たり、乾いてヒビを生じる欠点があり、レオナルドはそのために苦労することになる。ともあれ、ヴェロッキョが年少の弟子に「恐るべき児」を洞察したのはさすがだが、ヴェロッキョの不名誉にはなるまい。

## ❖「ヴェロッキョ会社」の製品

《キリスト洗礼図》が、いうなれば「ヴェロッキョ会社」の製品である以上、どうしたってこういうあいまいが生じる。さらに一、二例をあげよう。まずコレオーニ騎馬像である。コレオーニ（一四〇〇―七五）はルネサンス時代イタリアの著名な傭兵隊長だ。戦争に明けくれたイタリアの小君主や都市共和国にとって、傭兵くらい便利なものはなかった。軍備はばかにならない負担だったから、自分で戦うかわりに傭兵隊長に戦争をうけ負わせたのである。コレオーニはヴェネツィアやミラノのために戦って功をたてたので、一四七九年にヴェネツィア共和国からヴェロッキョにコレオーニ騎馬像の制作が依頼された。その制作中にヴェロッキョはヴェネツィアで客死し（一四八八年）、弟子のレオパルディが完成した（一四九六年）。レオナルドはもちろん完成には与《あずか》らなかったけれど、ヴェロッキョがモデルをつくっていたころ彼の工房にいたから、助力したことは十分にありうる。

それというのも、レオナルドは動物のうちで馬にとくべつ興味をもった。のちに自分でもミラノの僭主フランチェスコ＝スフォルツァ（一四〇一―六六）の青銅騎馬像の制作にあたる。し

聖ジローラモ

たがってヴェロッキョがコレオーニ像をひきうけたとき、これにふかい関心をよせたと考えても不自然ではあるまい。ちょうど同じころ、すなわち一四八一年にレオナルドはサン=ドナート=ア=スコペト僧院からの委嘱で祭壇画《三王礼拝図》を描いた。背景の馬や勇ましい騎馬戦は、まさしくコレオーニ像を彷彿《ほうふつ》させる。レオナルドがヴェロッキョからモチーフをえたか、その逆か、あるいは両人の共同研究のあらわれか、そのへんは専門の美術史家でもなかなか判定できない。

もうひとつは、ブルネレスキの意志でフィレンツェのサンタ=マリア=デル=フィオーレの円蓋と十字架をいただく巨大な珠がヴェロッキョの工房にまかせられた。ハンダ付けその他、やっかいな技術上の問題があったが、一四七一年五月にでき上がった。この場合にもレオナルドは師を助けた。が、「ヴェロッキョ会社」の製品である以上、師弟の仕事の範囲を峻別《しゅんべつ》することはできない。ただ、次のことだけは確かであろう。レオナルドがヴェロッキョの工房で修業中に他の弟子たちを抑えて断然頭角をあらわしたことは。

### ❖レオナルドの初期の作品

じっさい、一四七八年ごろからレオナルドは名指しで注文をうけるようになった。名声がたかまった証拠とみてよい。フィレンツェ政庁の公証人となって顔が広かった父ピエロのかげの力があったかもしれない。そういうわけで、一四七八年一月にフィレンツェ政庁からパラッツォ＝ヴェッキオ内の礼拝堂の祭壇画をたのまれ、二五フィオリーニの報酬をうけている。この絵は完成されなかったけれど、下絵《聖ジローラモ》はのこっている。同年末には《マドンナ＝ブノア》および《マドンナ＝デル＝ガット》（猫のマドンナ）の二つの肖像画、一四七七―七八年ごろには《受胎告知図》（現在、ルーヴル美術館蔵）、一四八一年には《三王礼拝図》（現在、ウフィツィ美術館蔵）を描いた。

これら初期の作品をいちいち解説する余白がないから、簡単にふれておく。《聖ジローラモ》では、さきの《キリスト洗礼図》中の天使にいち早くあらわれたレオナルドの絵画的天分が光

受胎告知

をましたさまがわかる。聖者が岩窟のなかでライオンを前に両膝をたてて腰をおろし、右手につかんだ石塊でわが胸を打とうとしている。人体解剖知識の正確、運動感、激情的な姿は、「人間の姿態は内なる魂の意向を啓示すべきである」というレオナルドの持論を証明している。《マドンナ゠ブノア》で聖母がイエスを膝の上に抱き、右手で花を渡そうとするときの微笑には、えもいわれぬ魅力があり、ずっとのちの《モナ゠リザ》の微笑を先どりしたものといえようか。《マドンナ゠デル゠ガット》では、イエスは猫とたわむれる子と、微笑しつつ眺める聖母を描いている。無邪気さとやさしさが画面いっぱいに溢れている。

ルーヴル美術館蔵の《受胎告知》(このほかにフィレンツェのウフィツィ美術館蔵のものがあ

るが、レオナルド作かどうかについては異論がある）は、天使が空から舞いおりて受胎を告知し、聖母はいとも敬虔なものごしでこれをうけるありさまを瞬間的にとらえている。神秘な雰囲気にみちている。が、そのことは、天使のつばさが精密にえがかれた（レオナルドは鳥の飛翔や飛行機についてふかく研究した）自然科学者のようなリアリズムとなんら矛盾しない。構図をみれば明らかだ。天使と聖母は互いにかがみ合い、ちょうど二等辺三角形の等辺を形づくり、天使の右腕とつばさの線とが平行にながれている。こうした構図のために、小さな絵のなかに調和と統一が活《い》かされているのである。

## ❖名画の運命

レオナルドの初期の作品は、アルノ渓谷の風景素描画とかバンディーニ処刑素描のような、じしんの記入があるものを除くと、真贋《しんがん》がさだかでない。そういって語弊があるなら、前述した制作事情のために自他の区別がつきにくい。ヴァザーリが言及したレオナルドの作品も、いつの間にか散逸してしまった。のこったのが不思議なくらいである。二、三の例をあげよう。

レオナルドが少年時代に楯に怪動物を描いて父を驚かせた話を紹介した。これには後日談がある。父親はその楯を農夫にわたさず、こっそり商人に一〇〇ドゥカートで売った。しばらくたって商人はそれを三〇〇ドゥカートでミラノ公に売りはらったという。むろん、楯などの

ジネヴラ=ベンチ

こってはいない。いったい全体、ヴァザーリのこうした話がいささかできすぎている感がしないでもない。その後、レオナルドは聖母画を描き、法王クレメンス七世（在位一五二三―三四）の所有に帰したが、この聖母画のなかでレオナルドはガラス花びんに水をみたし数種の花をさしたのを描いた。本物でもこれ以上に本当と思われないくらい、真にせまっていた。また友人のために海神《ネプチューン》の図をかいたとか、メドゥサの首を油絵でかき、人間の想像がおよぶかぎり奇怪なものであったとか。これらのヴァザーリがつたえる作品は、すべて現在は行方不明である。

ヴァザーリは「未完成はほとんどすべてのレオナルドの仕事の運命であった」といっているが、未完成が、散逸の一因をなしたのは事実であろう。

反対に、信じられないような幸運で散逸をまぬがれた例がある。《聖ジローラモ》はもとローマのヴァティカンにあったが、いつしか姿を消し、一八世紀の末には、ある女流画家の所有となっていた。ところが一九世紀のはじめにある枢機卿がローマの古道具屋で発見したとき、むざんにも首を切りとられていた。枢機卿は八方探索したあげく、二、三年後にとうとう発見した。首は、なんと、靴屋の足台になっていたのである。その後、ピウス九世（在位一八四六―七八）が買いあげてヴァティカン美術館にいれ、現在におよんでいる。《マドンナ゠ブノア》も数奇な運命にもてあそばれた。一九世紀にはロシアのクラキン公が所蔵していたが、シャゴニコフという人が買い、この人の娘がルイ゠ブノアという建築技師と結婚したさい、プレゼントとして与えられた。《マドンナ゠ブノア》という名の由来である。レオナルドは一四七八年末にかきはじめたから、一九世紀までのあいだ、どこをうろついていたのか、まったくわからない。一九一三年にエルミタージュ美術館がブノア家から購入し、やっとおちつくべきところにおちついた。

ヴァザーリの伝記にもでていて、レオナルドの最初の完全な肖像画である《ジネヴラ゠ベンチ》（一四七四年）も、長いこと存否不明だった。ところがリヒテンシュタイン公秘蔵のコレクションのなかの婦人肖像画がそれとわかった。リヒテンシュタイン公国は、スイスとオーストリアとの国境、ライン川がアルプスから源を発するあたりにある。てのひらみたいに小さい国である。私は先年この公国の首都ヴァドスをたずねて美術館を見学したことがある。リヒテンシュタイン公は有数の美術品コレクターとして知られ、そのときも一七世紀絵画のすばらしい展覧会がひらかれていて、私はきもをつぶした。まさかアルプス山中でこんな絶品にめぐり会おうとは夢にも思わなかったのである。このリヒテンシュタイン公が《ジネヴラ゠ベンチ》をもっていたのだ。一九六七年にアメリカのワシントン国立美術館がリヒテンシュタイン公からゆずられ、同館の開館二五周年記念にはじめて公開された。ついでにいっておけば、買い値は六〇〇〇万ドルというケタはずれの値段だったそうである。名品流転には、なにか人間の執念とか怨念とかいったものがつきまとっているようである。

## ❖《三王礼拝図》

レオナルドが一四八二年の末あるいは八三年のはじめにミラノに移住するまでの期間を「第一フィレンツェ時代」とよぶが、《三王礼拝図》は第一フィレンツェ時代にしめくくりをつけた作品である。前述したように、一四八一年三月にサン-ドナート-ア-スコペト僧院から祭壇画の依頼をうけた。契約条件から当時のレオナルドの暮らしむきが想像できる。絵は契約後二四か月以内、おそくとも三〇か月以内に完成されるべきであるとした。僧院は二度にわたって顔料をたて替え、時おり薪《まき》や穀物、ぶどう酒をレオナルドにおくった。七月には二八フィオリーニを前貸しし、八月には「荷物をわが家へ運んだ」(つまり、このころにはもう独立して一戸をかまえていたわけだ)とか、僧に時計をかいて一リラ六ソルディもらったとか、九月には赤ぶどう酒一樽を与えたとか。こうした僧院の記録から推して、レオナルドの仕事がはかばかしく進まなかったこと、持ち前の未完成ぐせがだんだん昂じていること、かなり金に困っていたこと、がわかる。ヴァザーリによると、レオナルドは無一文で仕事もロクにしないくせに、つねに従僕をやしない、馬を飼っていた。馬はたいそう愛したが、ほかの動物にも興味をもった。たまたま鳥を売る店の前を通ると、価格を問わずに買い、籠から出して空に放った。生来、無欲恬淡《てんたん》で浪費家のレオナルドだから、仕事をせず、親からの援助もないとなれば、困るのは理の当然である。父ピエロは三度目の妻でやっと長男、つづいて次男ができた。レオナルドはこれまでのように父に援助を仰ぎにくくなった。彼が時にみみっちいほど細かに支出簿をつけたのは、吝嗇《りんしょく》のためではなくて、生活をきりつめねばならなかったからだろう。フロイトがここでももってまわった理屈をつけているけれど、そうまで臆測する必要はない。

ところで《三王礼拝図》は、いうまでもなく「マタイ伝」第二章にある、キリスト降誕のさい東方の三王が星をたよりに礼拝にいき、黄金、香および没薬《もつやく》を献上するシーンで、キリスト教美術のテーマのなかでもっとも古く重要なもののひとつとなっている。ヴェロッキョの《キリスト洗礼図》で天使を描いて間もなく、独立して最初に着手した作品である。それだけに非常な意気ごみで当たったことは、ウフィツィやウィーンザーなどに所蔵されている下絵から明らかである。にもかかわらず、とどのつまりは未完成に終わった。ヴァザーリならずとも「レオナルドは実に稀世の神才なりき。彼にして若《も》し常に志を他に移すことなく、一事に専《もっぱ》らなりせば、学問科学に於《おい》て大なる進歩を遂げたること疑《うたがい》を容れず。然《しか》れども彼は徒《いたず》らに百事を兼学せんことを志し、而《しか》も業に就きて未だ幾何《いくばく》ならざるに忽《たちま》ち之《これ》を捨てて復顧《またかえり》みざるを常とせ

《三王礼拝図》

り」とボヤきたくなろう。だがウフィツィ美術館蔵の《三王礼拝図》下絵は、未完成とはいえ、それ自体としてまとまっている。未完成と未熟とは根本的にちがう。それも気まぐれのための未完成ではない。究《きわ》めがたいものを究めようとする欲求のせいだ。バルザックふうにいえば「絶対の探求」のゆえなのである。では、この作品はどのようにまとまっているか。

みたところ、構図は複雑でダイナミックである。が、ひしめき合う群衆や彼ちのさまざまな身ぶり、背後の馬の群れや戦い、といったはげしい動きと対照的に、前面中央の聖母子の一群はいとも静かである。いや、背後の動きがはげしければはげしいほど、この静かさがめだつ。聖母のうれいをたたえたまなざしは、わが子の運命を予感しているかのようだ。三王のうやうやしい態度は、奇跡を目前にした人のおどろきや畏敬の念をあらわしている。こうした動と静、複雑と簡素が、三王の礼拝という劇的な瞬間に凝縮しているのであって、のちに《最後の晩餐》で最高潮に達するはずである。明暗法や遠近法についての蘊蓄《うんちく》がここで吐露されており、とくに幾何学的な構図、すなわち聖母を頂点として、左右の跪《ひざまず》いた三王の底辺をむすぶと、二等辺三角形ができる、そうした構図で、絵画的効力がいちじるしくあがっている。

この意味で《三王礼拝図》は第一フィレンツェ時代の閉幕にふさわしい傑作であった。と同時に、今後の全創作の序幕でもあった。

## ❖ソドミー事件

順序が逆になるが、一四七六年四月に、レオナルドにぬぐいがたい汚点をしるす事件がおこった。当時、フィレンツェの要所に「タンブロ」という投書箱がおかれ、風紀上の事柄について匿名の告訴を行なうことが認められていた。このタンブロのひとつに、サルタレリという名の男のモデルと、彼をめぐる四人の青年を男色《ソドミー》の疑いで訴える投書があった。当局がしらべたところ、四人のひとりに「ヴェロッキョのもとに同居する（この訴えで彼が一四七六年にはヴェロッキョと起居をともにしていたことがはっきりした）レオナルド＝ディ＝ピエロ＝ダ＝ヴィンチ」がいたのである。再審の結果、レオナルドは無罪放免された（四月九日）。レオナルドはこのとき父に助けをもとめたが、第三の結婚をしたばかりのピエロは何かと忙しく、社会的に地位が上がってもいたので息子のスキャンダルにいやな顔をした。この事件はレオナルドの心に浅からぬ傷を負わせた。日記に「うわさは剣よりも人を殺すものだ」となげいている。画家であるからには、男のモデルとつき合っていっこうにふしぎはない。不運は、たまたまモデルが悪習者だったことだ。ルネサンス時代のイタリアはとかく明かるい面だけが強調されるが、じっさいは暗黒面があり、風俗はみだれていた。レオナルドがまきこまれた男色事件などは、氷山の一角にすぎなかった。

そういうなかで、品行に関してはレオナルドは泥中の蓮《はす》のように清らかだった。独身でとおし、女性との浮いたうわさなど、どこをついてもでてこない。といって、朴念仁《ぼくねんじん》だったわけではない。それどころか、人間の肉体美、とりわけ女性の官能美にたいして鋭敏な感覚をもっていた。ただ、性生活や性行為にたいしては極度の嫌悪をいだいた。のちに『手記』で「性交の行為やこれに奉仕する器官はおそろしいものであるから、もし顔の美しさや職人の装飾品や精神の解放がなかったなら、人類はその人間性を失っていたであろう」とか「肉欲を抑制しえないものはけだものの仲間になれ」とか書いている。男女性交図や胎児の位置などについて克明な解剖学的スケッチをのこしているが、あくまで学究的なもので、およそエロティックな感から遠い。そのかわり、レオナルドはフランチェスコ＝サライのような美少年を好んで弟子にした。彼じしんが美青年で、伝記作者は口をそろえてつたえている。ヴァザーリによれば、レオナルドの身体の美しさは、いくらほめてもほめきれない。身体の美しさに加えて、彼のあらゆる行動には限りなしと形容する以上に、上品の美徳がそなわっていた。しかも門扉をも打ちくだくほどの腕力の持ち主だった。

フロイトはこういう好みからレオナルドの変態性を推論したのだが、なんら客観的な根拠がない。彼は人間の美しい面ばかりでなく醜い面をも洞察した。このことが彼を、ことばのもっとも高い意味におけるペシミストにした。ペシミストはつねに孤独である。すでにヴィンチ村での幼少時代やヴェロッキョの工房での修業時代において、独立してからのちも、いつも孤独だった――うわべの快活に反して。レオナルドが「画家は孤独でなくてはならぬ――画家は孤独で、自分の眺めるものをすべて熟考し、自己と語ることによって、どんなものを眺めようともそのもっとも卓《すぐ》れた個所を選択し、鏡に似たものとならねばならぬ」とかいたのは、偽わらざる心境だったのだ。

## ❖青年時代の研学

ところでレオナルドの生活と意見を知るうえに、すでにたびたび引用した、これからもたびたび引用する『手記』が不可欠である。ひと口に手記といっても、五〇〇〇ページに達する厖《ぼう》大《だい》なもので、人生論あり、文学論あり、絵画論あり、科学技術論あり、内容は多岐にわたる。レオナルドは三〇年間書きつづけたのである。この手記の研究だけでも優に一冊の本になるくらいだから、詳しいことは専門研究にゆずるほかない。執筆年代を正確に知ることは困難だけれど、わかる範囲内では、第一フィレンツェ時代のものは少ないとされている。それによると、ヴェロッキョの徒弟時代に絵画的研究を行なったことはいうまでもないが、もう自然研究を始めていたようである。たとえば、ジョヴァンニ＝アルジロポーロの名が見える。ギリシア学者で、フィレンツェ滞在中にレオナルドと交際したらしい。ベネデット＝デル＝アッバコは一五世紀におけるフィレンシェのもっとも有名な数学教師で、レオナルドはこの人から数学を学んだ。パオロ＝デル＝ポッツォ＝トスカネリ（一三九七―一四八二）はフィレンツェの世界的に著名な数学者、天文学者、地理学者。コロンブス（一四四六ごろ―一五〇六）に西方航行をすすめたことは周知であろうが、この人からも科学を学んだ。アルベルティの『絵画論』からも遠近法や数学、解剖学を学んだ。当時の一流の学者と交渉をもったことが『手記』から明らかになる。

自然研究一般ばかりでなく、機械や兵器の研究にも従事した。攻城梯子《はしご》への対抗について「梯子が立てかけられる木材は、敵が梯子をそれより低くに立てかけたり、木材を斧でたち切ることのないように壁の中に隠されていなければならない」として細部のスケッチを描き、「このようにして挺子《てこ》のための支えを壁につけなければならない」と書いている。要塞の門扉の仕掛け、砲の製造および設計についてのスケッチや記録、銃眼鋳造機、鎔解炉、ポンプそのほか、たくさんある。こうした科学研究や技術研究は、フィレンツェ時代はまだ序の口なのであって、ミラノ時代に本格化するから、いずれ改めて考察しよう。

レオナルドの出生から第一フィレンツェ時代の終わりまでをざっと跡づけた。青春時代の霧をとおして一条の光がさしこんでいる。その光をたよりにレオナルドは手さぐりで進んでゆく。だが、光の源に達するまでには、長い彷徨《ほうこう》とけわしい探求をつづけなければならなかった。

# 彷徨と探求

## ❖失望

一四八二年ころ、レオナルドは飄然《ひょうぜん》とフィレンツェを去ってミラノにおもむいた。フィレンツェ時代は修業時代とはいえ、みのり豊かだったはずである。だのに、足もとから鳥がとび立つみたいにフィレンツェを去ったのは、なんらかの動機がなければならない。もっとも、自分で弁明しているわけではないから推測するほかないのだが、強いて動機らしいものをあげてみると、こうである。

前述したように、レオナルドはサン-ドナート-ア-スコペト僧院から祭壇画の委嘱をうけて《三王礼拝図》に着手した。矢のような催促をうけても仕事は遅々として進まず、そのために厭気《いやけ》がさしてきた。おりもおり、一四八一年一〇月のことだが、ローマ法王シクストゥス四世（在位一四七一－八四）は、ボッティチェリ、ペルジーノ（一四四六－一五二三）、ギルランダーヨ、ロッセリ（一四三九―一五〇七）の四人の画家と契約をむすび、ヴァティカン宮殿内のシスティーナ礼拝堂に壁画をかかせることになった。当時のレオナルドは法王の目にとまるほどの大家ではなかったから、人選にもれたからといって、さほど自尊心を傷つけられることはなかったであろう。それより彼の失望をかったのは、上記の画家ばかりでなく、ポライウォーロはローマへ、師ヴェロッキョはヴェネツィアへ（コレオーニ騎馬像制作中に客死）去り、名だたる芸術家が次々にフィレンツェからいなくなり、フィレンツェ芸術界はとみにさびしくなったことである。もちろん、フィレンツェ派を地方に弘布《ぐふ》し、フィレンツェ派の名声をイタリア全土にあまねからしめる利点はあろう。が、反面、こうした国外流出は、フィレンツェ芸術界にとっては償いがたい損失である。とくにポライウォーロとかヴェロッキョといった有数のボッテガの指導者を失った傷手《いたで》は深い。彼らの工房こそ、フィレンツェ芸術家の養成所だったから。レオナルドの失望は、選にもれたためというより、こうした芸術界の不振に根ざしていた。

詩人、学者、芸術家が招きに応じて故国を去るという風習を奇異に思う向きがあるかもしれない。しかし彼らには特別の祖国愛はなく、その意味でコスモポリタンなのであった。自己の才能が発揮されるとあれば、他国の招待や依頼によろこんで応じた。ブルクハルトにしたがえば、才知ゆたかな亡命者たちのうちに発展した世界主義は、個人主義のひとつの最高段階である。芸術家たちもまた、昂然たる反抗をもって、土地の強制からの自由を強調する。ギベルティは「いっさいを学んだ者だけが、国外のどこへ行っても他国人ではない。たとえ財産を奪われ、友人をなくしても、どの市でも市民であり、なんの恐れることもなく、運命の転変を侮《あなど》ることができる」といい、同様にある亡命文学者は「学問のある人が居を定めるところ、そこによい故郷がある」といった。

こうしたコスモポリタニズムは芸術家――レオナルドも例外でなく――において、もっとも顕著だったにすぎない。だが、レオナルドを落胆させたのは、たんにフィレンツェ芸術界の沈滞だけではない。そういう芸術家の国外流出をひきおこすもとになったメディチ家の文化政策にたいする不満が、根底にあった。メディチ家の文化保護は伝説にすらなっている。正体はどうだったのであろうか。

## ❖ロレンツォの芸術政策

メディチ家が文化を保護したのは、うそではない。コジモは市の美化をはかるために多くの芸術家を用いて大規模な造営事業をおこした。花の聖母マリア大聖堂、サン-マルコ修道院、サン-ロレンツォ教会などは、コジモの努力で新たな装いをこらした。コジモが学問研究にも関心をよせ、プラトン学院を創設したことは前言した。コジモの子ピエロも、コジモには及ばなかったけれど、ドナテーロなどの芸術家に保護を与えた。ところがロレンツォになると、そうはゆかなかった。ありていにいうと、この無冠の帝王は必ずしも芸術のパトロンではなかったのである。祖父のように芸術家に手厚い保護を与えもしなければ、大規模な造営事業もおこさなかった。おこした唯一のものは大聖堂正面の装飾だったが、結局は実現しなかった。したがってロレンツォのもとでフィレンツェの芸術家は活動の場をもたず、いたずらに髀肉《ひにく》の嘆を発するばかりだった。ローマ法王から誘いをうければ、わたりに舟とフィレンツェを去ったのも無理はない。

じつのところ、それがロレンツォの思うつぼであった。なぜなら、彼は芸術家の国外流出を政策の一部とみなしていたからで、すぐれた芸術家を外国に売りこむことでフィレンツェやメディチ家の名声をたかめようとする魂胆だったのである。とすると、一五世紀後半にフィレンツェ派がにわかに生彩を欠くにいたった責任の一半は、ロレンツォじしんが負わねばならないことになる。このように造型美術には冷淡だったにかかわらず、詩人やヒューマニストは打ってかわって優遇した。みずからも詩をよくした。芸術家が無聊《ぶりょう》に苦しんでいるいっぽう、メディチ家のカレッジの別荘では、ヒューマニストたちが議論の花を咲かせていた。

レオナルドはこのようなロレンツォの芸術政策に幻滅を禁じえなかった。彼は芸術のかたわら自然研究に打ちこみ、機械の技術の発達に精をだしていた。そういう彼の目からみるとき、ロレンツォのプラトン主義者気どりは、しょせん観念の遊戯にすぎなかったであろう。ロレンツォはロレンツォで、レオナルドの天分を洞見する眼がなかった。ただ、彼に音楽家としての才をみとめた。ミラノ公のもとに派したのは、画家としてでなくて音楽家として売りこもうとしたのだから、レオナルドにたいする認識はあさはかというほかない。音楽家というのは、レオナルドがリーラ（竪琴）をたくみに奏したからだが、彼にしてみれば、とるに足りない余技だった。

レオナルドがフィレンツェにふつふつ厭気がさしたもうひとつの、個人的な動機がある。父ピエロが三度目の妻ではじめて子ができてから、レオナルドはひとり児でなくなり、いづらいとはいわないまでも、家庭の雰囲気がちがってきた。あれやこれやの動機が重なり、とうとうフィレンツェ出奔の決心がついたのではあるまいか。そうとしか考えられない。ミラノに移った時期は明白ではない。いちおう一四八二年ごろとしておこう。

## ❖ミラノの僭主

一所不住のレオナルドにしては珍しく、一八年間もいすわることになるミラノ公国とは、いったいどんなところだったのか。彼が仕えた君主はどんな人物だったのであろうか。

こんにち、ミラノはローマにつぐ大都市だが、商工業においてはトップを占める。文化上でもみるべきものが多い。ゴシック建築の大聖堂《ドゥーモ》、レオナルドの《最後の晩餐》があるサンタ・

マリア＝デル＝レ＝グラッツィエ寺、イタリア美術の粋をあつめたブレラ絵画館、オペラのファンにはスカラ座、等々。このような繁栄の基礎をおいたのはヴィスコンティ家で、一三九五年から一四四七年までミラノに君臨した。フィリッポ＝マリーア（一三九二－一四四七）をもってヴィスコンティ家の男系がたえ、婿《むこ》のフランチェスコ＝スフォルツァ（一四〇一－六六）が跡をついだ。じつは位をうばったのである。以来ミラノの支配権はスフォルツァ家に移るが、この男、一筋縄でも二筋縄でもゆかない。そもそもが傭兵隊長あがりだ。父も傭兵隊長で、ナポリ女王やローマ法王のために歴戦して功があったので「スフォルツァ」（強襲の人）の名をえた。フランチェスコは、ヴィスコンティ家が断絶したとき、ヴェネツィアを相手に戦っていた。急拠、和をむすんでミラノに帰り、ミラノ公を称した。彼はジェノヴァを征してロンバルディアに覇権を樹立したほか、内治においても業績をあげた。学者や芸術家を保護した。いま考古学美術館になっているミラノ城《カステロ－スフォルツァ》は、フランチェスコの造営したもの。中央正面に四方形四層の鐘楼、左右両端に円塔をもつ魁偉《かいい》な建物であって、フランチェスコの面目躍如たるものがある。

フランチェスコの子、ガレアッツォ＝マリーア＝スフォルツァ（一四四四－七六）は、気まぐれで残忍だったため、非業の最期をとげた。その子、ジョヴァンニ＝ガレアッツォ（一四六九－九四）は叔父ロドヴィコ＝スフォルツァ、通称イル＝モロ（一四五一－一五〇八）に主権をうばわれた。ロドヴィコはフランス王シャルル八世と誼《よしみ》を通じ、シャルルの援助でジョヴァンニを幽閉《ゆうへい》し、毒を盛って殺した。事実上の統治者ではあったが正統でないから、自己の地位につねに不安を感じた。そこで、シャルルがイタリアに侵入してナポリ王位にたいするアンジュ家の権利を要求するさいはシャルルを支持するという交換条件で、援助をえたのだ。この簒奪《さんだつ》がフランスにイタリア侵入（一四九四年）のきっかけを与え、累《るい》を全イタリアに及ぼす。またこの事件がレオナルドの一身にも変化をもたらすから、ご記憶ねがいたい。

ロドヴィゴ=イル=モロ

イル=モロは「黒い」ということばである。色の白黒——モール人のような皮膚の色をじっさいにしていたが——よりも、すごいとか凶悪という意味での「黒い」だ。生来、誇大妄想癖があり、彼にかかると、法王アレクサンデル六世はおかかえ牧師、ドイツ皇帝マクシミリアン一世（在位一四九三—一五一九）は傭兵隊長、ヴェネツィア人は会計係、フランス王は飛脚、とかたなしである。警戒心が強く、人々を謁見するときは柵《さく》でへだてられ、大声をださないと用がたせなかった。ルネサンス時代の横暴な君主を絵にかいたような人物である。それでも学者、詩人、芸術家を優遇した。ほんとうに学芸を理解したのではない。自己顕示欲、手もとにおいているという見栄《みえ》からである。レオナルドがミラノに移ってきたのは、あたかもロドヴィコの全盛時代に当たっていた。

これより先、一四七三年三月にミラノ公ガレアッツォ＝スフォルツァがフィレンツェにきたとき、レオナルドは公を知った。ロドヴィコもなんらかの機会に知っていたかもしれない。というのは、ロドヴィコは一時フィレンツェに近いピサに亡命していたことがあるからである。また一四七三年にガレアッツォが企て、ロドヴィコがひきついだ、先代フランチェスコ＝スフォルツァの青銅騎馬像制作について、ミラノ公国は全イタリアに才能ある芸術家をもとめていた。レオナルドはこうした覇気にとんだロドヴィコや活気横溢《おういつ》したミラノに食指を動かしたのは、当然であろう。自己の満たされない制作欲を、ここでなら満足させることができるかもしれない。

レオナルドのミラノ移住についてヴァザーリはこう記している。

ミラノ侯ジョヴァン＝ガレアッツォの死後、一四九四年（これはむろん誤り）ロドヴィコ＝スフォルツァ其《その》後を襲いし時礼を厚くしてレオナルドをミラノに招聘《しょうへい》せり。彼をして侯が平素好めるところの手琴を弾ぜしめむが為《ため》なり。レオナルド乃《すなわ》ち自作の楽器携《たずさ》えてミラノに赴《おもむ》けり。概《おおむ》ね銀を以《もっ》て製し和音の量を増し良好ならしめむが為に馬の頭骨の形を模したる極めて珍奇なるものなりき。レオナルド之《これ》を弾じて会するところの楽師をして顔色なからしめ、且更《かつさら》に彼が当代即興詩人の尤《ゆう》たるを示したり。ミラノ侯レオナルドの驚くべき弁論を聞くに及び盡《ことごと》く彼の才能に傾倒して極まるところを知らざりき。

当時、ミラノは優秀な管弦楽団を有し、イタリアにおいてもっとも音楽のさかんなことで知られていた。竪琴《たてごと》をたずさえてミラノに派されたことも、うなずける。時にレオナルドは三〇歳、一四八二年ころのことである。

## ❖自信満々の自薦状

もちろん、レオナルドのめざす目的はリーラ弾奏などではない。彼の野心を示すのが、ロドヴィコ゠イル゠モロにあてた自己推薦状《すいせん》である。長文だが、紹介しておく価値は十分にある。ただし、この手紙は自筆ではない。ミラノにおもむく前でなくてミラノ滞在中に書かれたという説もある。

名声赫々《かくかく》たる殿下、兵器の大家ならびに製作者をもって自任しておる人々全部の試作を十二分に吟味《ぎんみ》致し、その発明および発明品がありきたりのものと少しも異ならないと考慮致しましたので、いかなる他人をも顧慮することなく、閣下に私見を申し上げて、小生の秘訣を披瀝《ひれき》致すことにつとめましょう。

(一) 小生、きわめて軽く、頑丈で、携帯容易な橋梁の計画をもっています。それによっ

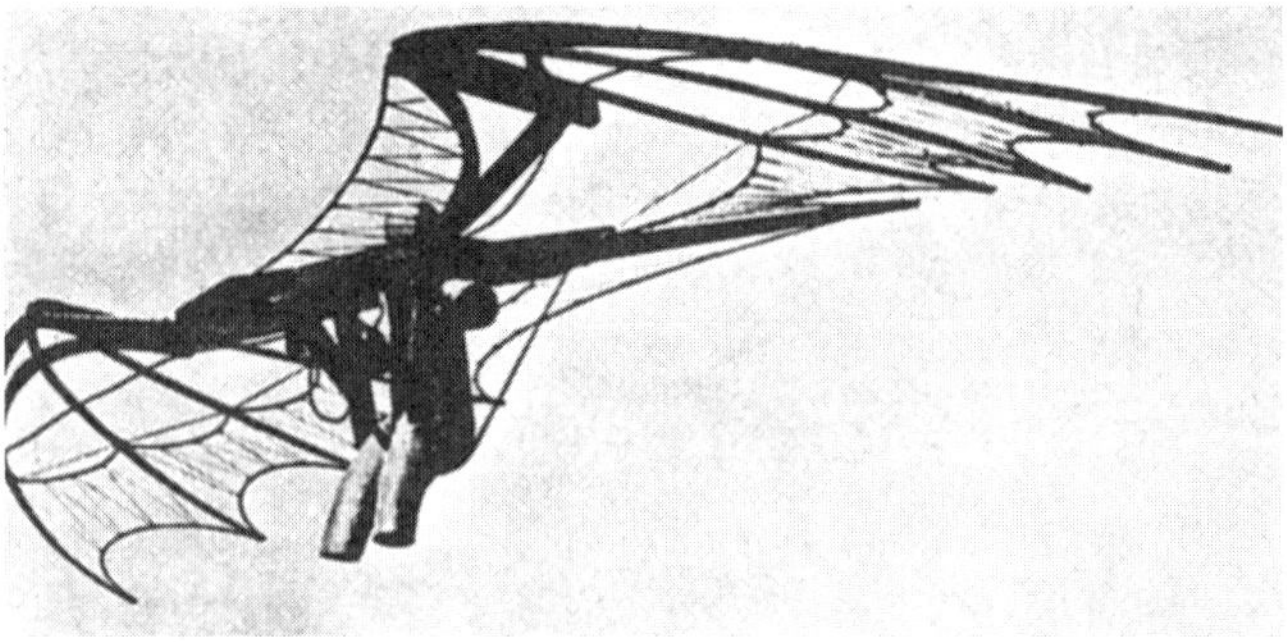

レオナルドの飛行機

て敵を追撃することもできれば、時には退却することもできます。なお別に、堅牢で、戦火によって攻撃しがたく、あげおろしに容易かつ便利な橋〔の計画ももっています〕。また敵の橋梁を焼却破壊する方法も〔研究してあります〕。

(二)……

(三)……

(四)さらに、便利至極、運搬容易な大砲、それによって嵐のごとく、散弾を飛ばす方法を知っています。その煙によって敵に大いなる驚愕をあたえ、重大な損害と混乱をひきおこすでしょう。

(五)また、海戦となる場合には、船舶を攻防するに適した数多の器械をつくり、いかに巨大な大砲、火薬、煙の攻撃にも対抗する方法をもっています。

(六)……

(七)同じく、堅牢で攻撃不可能な覆蓋《ふくがい》戦車を制作いたしましょう。それは砲兵をのせて敵軍の間に突入しますが、いかなる大軍といえどもこれに出あって壊滅せざるはありません。歩兵の大部隊は、無抵抗、かつなんらの障害なしにこの後につづくことができましょう。
（八）……
（九）大砲の使用が不可能なところでは、投石器、弩砲《どほう》、弾石砲《トラボッコ》その他在来の品とことなり、驚くべき効力のある器械を組立てるでしょう。ちぢめていえば、事情のことなるに応じて、種々さまざまな攻守両用の武器をこしらえます。
（一〇）平和な時代には、建築、公私大建築物、また甲地より乙地への水道建設に、他の何びとに比べてもこの上なき御満足をいただけると信じています。

同じく、大理石、青銅およびテラコッタの彫刻をいたします。絵も同様、他の何びととでも御比較あれ、いかなることでも致します。

さらに、青銅の馬を制作することもできるでしょう。そうすればその騎馬像は閣下の御父ならびに高名なるスフォルツァ家のめでたき記念として不滅の光栄、永遠のほまれとなるでございましょう。

そしてもし上述の件のいずれかをどなたかが不可能だ、実行できないと思召《おぼしめ》すなら、閣下の御苑《ぎょえん》なり、または閣下のお気に召すいかなる場所ででも実験させていただく用意がございます。伏して閣下に自薦する次第であります」（杉浦民平氏訳『レオナルド＝ダ＝ヴィンチの手記』）。

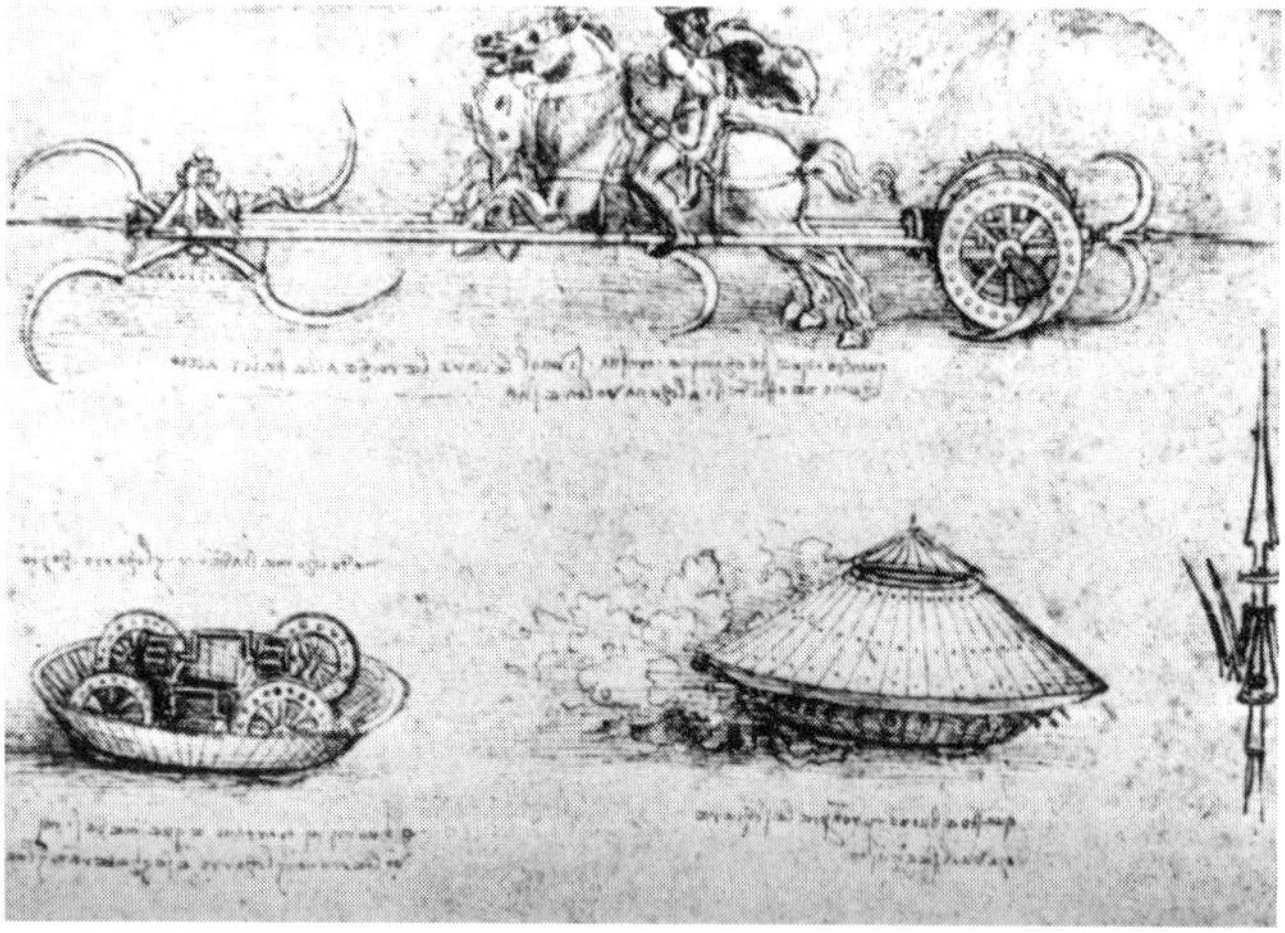

レオナルドの機械発明
上　大　　砲
中　戦　　車
下　戦車模型

この自己推薦状は、フィレンツェ時代におけるレオナルドの科学技術研究がどういう方面に向けられていたかを示す。音楽が余技だったのとちがって、科学研究は芸術とならんで彼の探究心を宰領した。しかも両者のあいだになんのわだかまりも存しなかった。彼の経験的実証精神が、ロレンツォ治下のフィレンツェを風靡《ふうび》した新プラトン主義的観念論に異質的なことは、おおわれない。フィレンツェを見かぎってミラノに新天地をもとめようとした気持ちは、よくわかる。

## ❖ロドヴィコとレオナルド

自己推薦状のなかで科学技術、なかんずく軍事技術の数々をあげているのは、戦争が日常茶《さ》飯《はん》事《じ》だったことを思えば、当然であろう。ことに相手がロドヴィコ＝イル＝モロである。軍事技術の必要は百も承知のはずである。そうだとすると、ロドヴィコとレオナルドとの関係は、奇妙な、しかし考えてみれば当然な関係になる。いうなれば、キツネとタヌキのばかし合いだ。ロドヴィコに必要なのはレオナルドの芸術ではなくて軍事技術である。レオナルドに必要なのは自分の研究に実験の場を提供してくれる、気前のよい君主であって高潔な人格などではない。フィレンツェにそういうパトロンがみつからなければ、ミラノにもとめよう。ミラノにみつからなければ、他にもとめよう。そのうえ、レオナルドには野心がうつぼつとしていた。すなわち、フランチェスコ＝スフォルツァの青銅騎馬像の制作が。自己推薦状の最後でさり気なく述べてはいるけれど、それが本心だったのではなかろうか。ヴェロッキョのコレオーニ騎馬像モデルの制作にいくらかは関与したであろうし、スフォルツァ騎馬像の計画はとっくに耳にしていたのである。

それにしても、この自薦状にあらわれた満々たる自信はどうだろう。自己を高くロドヴィコに売ろうという打算がまったくなかったといえばウソになろう。が、レオナルドにおいては軍事技術にしろ騎馬像制作にしろ、無償の行為なのである。そしてこの行為を満腔《まんこう》の自信が支えている。アルベルティは「人間は意欲しさえすれば、自分の力でなんでもできるものだ」といったけれど、アルベルティをひと回りもふた回りも大きくしたのがレオナルドである。

## ❖東方旅行説の真偽

レオナルドの移住を一四八二年ころとしておいたが、移住後の数年間は消息を絶っている。そうした空白をうめるものとして、まことしやかにとなえられたのが東方旅行説である。一四七三年から八六年のあいだに、バビロニア回教主副総督シリア総督カイート＝バイに招かれて東方に旅行したというのである。なるほど『手記』中に東方についての記述がある。「タウロ山とエウフラテス河の記」として、聖バビロニア教主の代官シリア総督にあてた報告がそれだ。

「このわが国の北部地方に最近大椿事《ちんじ》がおこりましたが、それはあなたばかりでなく全世界を驚倒せしめること確かであります。この事件を以下、まず最初に結果を、次いで原因を御披露するということにして、順を追うて御報告申し上げましょう」として、それから、エミニア地方の地勢やらタウロ山の形態、性質、面積を縷々《るる》述べている。そこで「大椿事」が一四八三年にシリアをおそった大地震にむすびつけられた。べつの手紙では「私の陥った悲惨な境遇の悲しみを共にしてくださるだろうと思います」といって、地震による災害をこまかに記している。

だが、レオナルドの東方旅行を裏がきする資料は全然存しない。おそらくこの旅行記は当時の風聞をもとにレオナルドが書きとめたものであろう。この点では、レオナルド研究家の意見は一致している。東方旅行説がとなえられるのは、ミラノ移住後の消息が不明なために苦しまぎれに考えだしたものである。いったい、彼は何をしていたのだろうか。空白のページは無為徒食を意味するのだろうか。

ロドヴィコが自己の権勢を維持する要があった以上、レオナルドの軍事計画に無関心だったはずがない。が、そのこととレオナルドの案をただちに実行にうつすこととは、別問題である。むしろ、レオナルドの計画が厖大《ぼうだい》であっただけに、実行に二の足をふんだとみるべきではあるまいか。ましてロドヴィコがスフォルツァ青銅騎馬像の制作にどれほど積極的であったか、あやしい。だいたい、この簒奪《さんだつ》者には緻密な計算がなかった。げんに、フランスとむすんだり離れたりしてみずからの墓穴を掘るのに気づかなかったではないか。したがってレオナルドは、現地に到着して、自分の観測がやや甘かったことをさとらねばならなかった。おまけに、よくあることだが、遠来の客にたいするミラノの芸術家の白眼視や嫉妬とも戦わねばならなかった。かえってそうだからこそ、彼は研究に沈潜することができたのだ。ミラノ移住後数年間の空白は、今後の飛躍のための足ぶみだった。

いや、もっとも充実した時期だったとすらいえる。

## ❖奇想天外な技術開発

そうこうするうち、さすがにロドヴィコもレオナルドの多才をみとめないではいられず、次々と命令をくだして軍事技術上の発明研究を行なわせた。どういうものであったかは、『手記』やそのなかにあるデッサンから、端的にはロドヴィコへの自薦状から知ることができる。一四八三年から八四年にかけてミラノがローマ法王、ナポリ、フェラーラと連合してヴェネツィアと戦ったとき、レオナルドは軍事技師として活躍したらしい。一四八七年ごろにはミラノがリグリアを併合するための海上防備でも活躍したらしい。ことわっておくが、兵器を考案し、軍事技師となったからといって、ただちにレオナルドが好戦的だったと結論できない。反対に、彼ほど平和を好む人間はいなかった。チェリーニのような芸術家さえもが短刀をふところにして徘徊《はいかい》した物騒な時代に、彼はおよそ争いというものを好まなかった。戦争は「もっとも獣的な愚挙」である。「私が考案した水中にとどまる法や、どのくらい長く食物をとらずにいられるかという方法を私が発表しないのは、これを海底における殺人に用いるかもしれない人間の悪い性質のためだ」と『手記』に書いている。そうだとすれば、軍事技術研究はやむにやまれぬ探求心のあらわれとしか、いいようがない。誤解をおそれずにいえば、彼にとっては一種の知的ゲームだったのではないか。

たとえば、要塞についてレオナルドはこう記している。

自然のもっともたいせつな賜りもの、すなわち自由を維持するために、わたしは野心満々たる暴君に攻囲されているさいの攻防法を発見した、最初城壁の位置について述べよう、として、要塞——掘抜井戸をつくろう。要塞の真中に掘っておけば、城主の命令のままに、あらゆる濠に水を引くことができよう。打撃は大きいであろう。けだし砲弾ははねかえって敵の上に落ち、敵に大損害を与えるから。川の下にある地下道。これによって一拠点から他の拠点に援兵を出す。しかし何人《なんびと》も要塞へはゆけない、要塞の地下道はあらゆる拠点の上手《かみて》に出る。木材も掩護《えんご》板も燃焼するおそれはない。余はあらゆる地下道をことごとく同時に、水びたしにし、しかるのち容易にからにすることができる。無用の橋は、たとえ堅牢につくってあっても、わずかの労力ですっかり破壊してしまえば、城壁に損害を与える砲撃をくらうおそれもない。大砲一発が要塞をとりかこむ〔要塞全体を守る〕。誰かが城壁にのぼったとしても、それはその城壁の守備兵の的になるだけだ。救援隊も必ず城守にとられてしまう。

このような記述を読んで、読者は戦いの恐怖とか凄惨を感じるであろうか。おそらく否であろう。むしろ、敵がこう出たらこちらはこうする、とまるで将棋盤のコマを動かしているみたいなレオナルドの屈託《くったく》ない姿を想像するのではなかろうか。

そういう知的ゲームは、火薬の考案に関する記述において、もっと明らかになる。

ギリシア火（中世においてビザンチン人が敵船その他建造物に用いた焼夷弾）――柳炭、硝石、硫酸、硫黄、乳香と樟脳《しょうのう》とをまぜた土瀝青《どれきせい》、およびエチオピア羊毛をえらんで、いっしょくたに煮詰めよ。この火は非常に燃えやすくて木材にまつわって水中までも蹤《つ》いてゆく。もし以上の組成分に液体ニス、瀝青油、テレピン、強い酢《す》を加えていっしょくたに混ぜあわせ、日に干《ほ》すか、またはパンを取り去った後の窯《かま》で乾燥する。そのあとで麻屑の玉には信管としてたった一つだけ孔を残しておいて、あとは松脂《まつやに》と硫黄とで包んでしまえ。さらにこの火は、それで火傷《やけど》しないように一プラッチョの鉄製の尖頭を有する長い竿の頂上に結《ゆわ》いつければ、敵船を避けるため、近づかせないため、……また敵船に――その兵らが戦闘で夢中になっているとき――土瀝青をつめたガラス罎《びん》を投げつけたあと同じように燃える玉を投げこめばどんな船でも焼きつくす威力をもっている。

ものすごい威力をもつ火薬、火薬の玉を投げこまれて炎上する敵船、阿鼻叫喚《あびきょうかん》の兵たち――そういう光景におののくより、ボール投げでもして楽しんでいるみたいである。

## ❖潜水服の発明

奇想天外といえば、こんにちの潜水服までが図入りで説明されている。「頭巾《ずきん》、胴着《どうぎ》、長靴になる胸当《むねあて》一式、小便用革袋、胸当一着。呼吸をたもつ革袋は胸からはなれているように鉄製の半環がついている。もし……膵臓《すいぞう》つきの完全な膀胱《ぼうこう》をもっていたら、それをすぼめれば、砂袋につくられて水底にゆけるであろうし、それをふくらませれば水面にもどれるであろう。ガラス製凸面眼鏡つきのマスク一個。ただしその重さは君が泳いで浮かびあがれるだけにかぎられねばならぬ」。

「胸部には幅一ディトの二重縁、帯から膝までも同様に二重縁を有する皮製上着を着ている必要があるし、その皮はぜったいに空気の洩れぬものでなくてはならぬ。さて海に飛び込め。そして海に飛び込むべきときになったら、胸部の縁から、君の上着の襟《えり》を息でふくらませてから海に飛び込め。そしてもし近くに海岸も見えず、その海の事情も知っていない場合には、波のまにまに漂っているがいい。そしていつも空気を着物に吹き込む管の端を口に咬《くわ》えていること。もし一、二回呼吸す

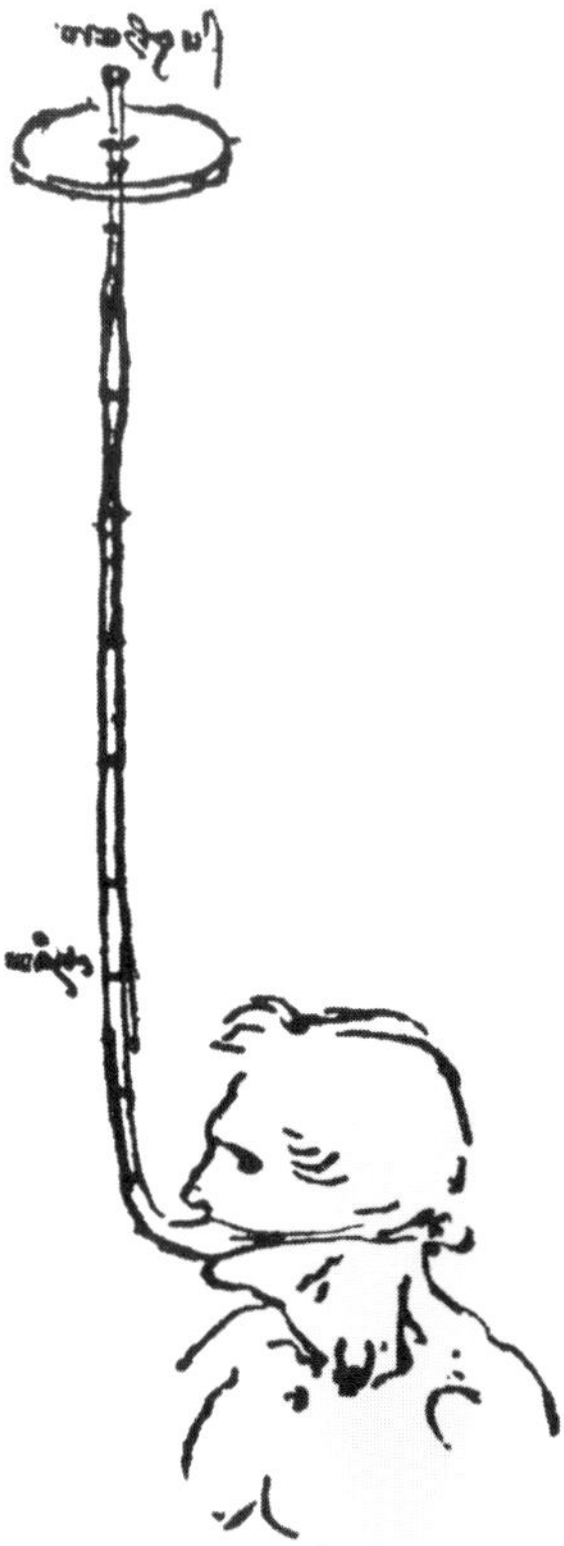

潜水服の発明

る必要があるのに、泡のためにそれができないような場合には、上着の内の空気を管から吸うといい」「二つの水の間にあるコルク管をこわす必要があったら、潜水着から切りはなせ。砂袋。砂袋にしばりつけた紐四〇ブラッチャを持参せよ」にも図がそえられている。

### ❖理想都市のプランナー

一四八四年のこと、ミラノに伝染病が流行して市の三分の一の人間が倒れた。この事件に刺激されてレオナルドは都市計画をねった。彼によれば理想都市は次のようである。

〔理想都市〕――街路Nは街路PSより六ブラッチャ高い。各街路は幅員二〇ブラッチャ、〔道の〕両縁から真中に向かって半ブラッチャの勾配をもたねばならぬ。そしてその真中には一ブラッチャごとに幅一ディトで一ブラッチャの穴があり、雨水はPSと等しい平面に作られた下水道に流しこまねばならない。この街路の両端には列柱を建てて幅六ブラッチャのポルティコをこしらえるべきである。上道を通って町じゅうを歩きまわりたいと思う人は好きなようにこれを利用できるし、下道を歩こうという人もまた同様だということを承知しておいていただきたい。車馬その他は上道通行禁止だ、それはもっぱら紳士用〔の歩道〕にする。下道は馬車荷車その他人民の便宜に従って通行して差し支えない。家は次の家と背中合わせで、半分だけ下道からはなれていなくてはならず、材木、酒等の貨物は家族の手で持ちこまれる。地下道からは便所、廐肥《うまやごえ》等の汚物《おぶつ》を流しだすべきだ。……上道から下道へ降るのも階段による。そして上道は扉の外にはじまるが、その扉のところにのぼりつくと、六ブラッチャの高さに出たことになる。この町は海とかその他大海の附近に建設すべきである。都市の汚物が水によって運び去られるように。

現在でもこのような理想都市が建設されている例は多くはあるまい。それを四〇〇年昔に、しかも陋巷《ろうこう》のイタリア都市に住みながら立案したのだ。レオナルドをおいて誰が、こんな途方もないプランをたてえたであろうか。もし当時万国博がひらかれたとしたら、おそらく彼がいの一番にプランナーになったであろう。

## ❖レオナルドの科学哲学

　キリがないから、レオナルドの技術開発の紹介はこのくらいにしておく。銘記すべきは、彼がたんなる技術屋ではなかったということである。根底にはひたむきな探求心がある。たまたまロドヴィコの要求に触発されて応用しようとしたにすぎない。「私の意図は、まず実験を挙げてしかる後になぜかかるふうに作用せざるをえないかを、理論によって証明するにある。そしてこれこそ自然の諸現象の思索者たちがよってもって進むべき正しい法則である。自然そのものは理論に始まって経験に終わるにしろ、われわれにとっては逆に追求することが必要である。すなわち、上で言ったように、実験から開始して、それによって理論を検討することが」――「それぞれの器械は、それぞれ作り出されたもとである経験によって働かされねばならない」――「まず科学を研究せよ。しかるのちその科学から生まれた実際問題を追求せよ」――「科学は将校であり、実践は兵である」――「科学を知らずに実践に囚《とら》われてしまう人はちょうど舵も羅針盤もなしに船に乗りこむ水先案内のようなもので、どこへ行くやら絶対に確かでない。つねに実践は正しい理論のうえに構築されねばならぬ。しかして透視法こそその道しるべであり入門書であって、これなくしては、絵画の場合何ものも立派に制作せられない。理論を述べしかるのちに実践を述べることが必要である」。

これらのことばは、理論と実践との関係がいかにあるべきかを示している。今日でも立派に通用する。レオナルドは素朴な経験主義者ではなかった。経験から出発して理論を構成することがかんじんである。彼の技術開発のほんとうの意図はそこにあった。芸術においてもそうでなければならない。ルネサンスの芸術を科学の基礎にもとづかせる努力は、すでに一五世紀の芸術家に見いだされたけれど、もっとも徹底して行なったのがレオナルドである。

### ❖画家の勉強

ミラノ移住後の数年間、このように科学技術の研究に没頭した。では、絵画はどうなっていたのであろうか。画家の勉強について、彼はこうしるしている。

画家は万能でなければ賞賛に値しない――画家の心は鏡に似ることをねがわねばならぬ。鏡はつねに自分が対象としてもつものの色に変わり、自分の前におかれるものそのままの映像によって自己を満たすものである。従って、画家よ、君は自分の芸術をもって「自然」の産み出すあらゆる種類の形態を模造する万能な先生にならぬかぎりは、立派な画家たりえぬと知らねばならぬ。――才能を増進し覚醒《かくせい》させて各種の趣向を思いつかせる一方法――これらの教訓のなかに、瑣末《さまつ》でほとんど噴飯《ふんぱん》に値するとさえ見えるかもしれないが、それにもかかわらず才能を目覚ませて各種の趣向を思いつかせるのに極めて有益な、思索の新趣向をひとつ加えるのをはぶくわけにはゆかない。

してみれば、科学技術研究に没頭した数年間は、ひっきょう画家が万能になるための練磨の期間だった。時いたれば、このような練磨は芸術的制作において真骨頂を発揮せずにいない。じつのところ、そうした制作の機会はミラノ移住早々にレオナルドに訪れていた。ベレンソンは「彼は他に没頭すべき仕事のないときか、または他の何ものによっても表わしえないものを絵画だけが表現しうるとき、すなわち物質の最高の意義を描くことによって精神の最高の意義を表現できるときにのみ、絵画に立ち戻ったのである」という。それもそうだが、「絵画に立ち戻った」のは、ほかの仕事がすんでからではなかった。だいたい、レオナルドには「仕事がすむ」ことはないのである。

「可愛想に、レオナルドよ、なぜおまえはこんなに苦心するのか」――「執拗な努力よ、宿命の努力よ」――「自然は、生来、わたしをかくのごときものにつくってくれた」とメモのなかにしるしている。つまり、彼は同時に困難な仕事を行なっているのである。

### ❖《岩窟の聖母》

すなわち、レオナルドは一四八三年四月に、アムブロジオ＝デ＝プレディス（一四五五ごろ―一五〇八）とともに、ミラノのコンチェツィオーネ（聖母受胎）教団のサン‐フランチェスコ寺の祭壇画を委嘱された。教団との契約では、一二月までに完成することになっていた。上部に神父、中幅に聖母子と二天使、二預言者、左右両側には音楽を奏する八天使を描くはずだった。

岩窟の聖母（上）と
その部分（下）

制作が遅延するにつれて規模が縮小し、とうとう正面に聖母子とヨハネと一天使（レオナルド筆）、左右両側に音楽を奏している二天使（デ゠プレディス筆）を描くにとどまった。

ところが、レオナルドと教団とのあいだに揮毫料《きごうりょう》をめぐって争いがおこり、教団はロドヴィコに訴訟を提起した。係争は延々十数年におよび、一五〇八年一〇月にやっと落着した。この聖母画は一七八一年までミラノのサン-フランチェスコ寺にあったけれど、のちロンドンの国立美術館の所蔵となった。それでこれをロンドンの《岩窟《がんくつ》の聖母》と称する。他方、ルーヴル美術館にも、ほとんど同じ作品がある。両者の関係については諸説紛々だが、ルーヴルのは様式上ロンドンのより以前の時期、たぶんフィレンツェにいたときにかいたもので、ロンドンの原作ではないかといわれている。

眩野《こうや》におもむく幼い洗礼者ヨハネとエジプトから帰る幼いキリストとの出会いという、中世伝説を扱ったものである。いま古いほうのルーヴルの《岩窟の聖母》についてみると、《三王礼拝図》とのいちじるしい相違に気づく。人物が大勢でなくて、聖母子とヨハネ、天使の四人にしぼられており、したがって構図は単純である。そのかわり、神秘的な雰囲気がいっそう強く感じられる。聖母は幼いヨハネを右手で支えながらキリストにひき合わせ、幼いキリストを左手でかばっている。二人の幼児の無邪気さと聖母の愛情にみちた表情、天使の美しい顔、それらがとけ合い、清浄の気が画面をみたす。ただ、遠景の奇岩の洞窟はもう《聖ジローラモ》以来おなじみである。

## ❖身ぶりと心理

画面をごらんねがいたい。聖母子やヨハネ、天使の身ぶりや手つきは、まさに写実主義の精髄といってもいいすぎではない。が、それらは内面的なもの、つまり心の微妙な動きを表わしている。レオナルドの絵画のもっともいちじるしい特徴である。彼はすでに衣服のひだに深い注意をはらった。「人物に着せる衣類はそれを着た肢体にまつわるに適した皺をもたねばならぬ。光のあたる個所には暗い陰をもった皺がおかれず、陰になる個所にはあまり明るい皺をつくらないこと。そしてそういう皺の線はそれによって蔽われた肢体に若干まつわっているが、肢体を切るような線をともなってはいけないし、着物を着た肉体の肌以上深いところまで沈むような陰をそなえてもいけない」。

ひだにかくまで緻密な観察をなしえたレオナルドが、手ぶりや動作に観察をこらさなかったはずがない。じっさい、彼は手や腕の素描をたくさんかいている。それらは同時に内なるものをあらわさなければならない。だから彼はこうかく。

絵画つまり人物画は、その見物人が人物たちの態度によって容易に彼らの気持ちを察しうるように描かれねばならぬ。それでまじめな人間に話をさせねばならぬとしたら、彼の身ぶりは立派なことばにつりあうようにしなくてはならない。同様に畜生のような男を描こうとするなら、獰猛《どうもう》な動作をそえるといい、腕は聴衆の方へ振り動かし、頭と胸とは、足より前へ突き出され、話し相手の手の行方を追うようにする。

人物を描くなら、その人物が心にいだいているところを十二分に表現するだけの動作をさせねばならぬ。さもなければ君の芸術は賞賛に当たらぬであろう。——心の情熱を動作によって上手に表現すればするほどその人物画は賞賛すべきである。——人物画は、これを一瞥して、その人々が何を考え、何を言っているかわかるように、それぞれの働きにぴったりした動作をもつべきである。それは聾啞《ろうあ》の動きを模倣する人によって上手に学ばれるであろう。けだし聾啞は自分の魂の概念を表現しようとするときには、両手や眼や唇やあらゆる肢体を動かして話をするのである。——手と腕とはどんな働きにあたってもそれを動かす人の意図をできるかぎり明瞭にすべきである。けだし自分の気持ちを興奮させた人はあらゆる運動ごとに手ぶりによって気持ちを出してしまうからである。

科学技術研究で経験を理論とむすびつけたと同じ方法が、絵画において用いられているわけだ。こうした手や身ぶりの心理的効果を、ミラノ時代の掉尾《とうび》をかざる《最後の晩餐》において、あらためてみることにしよう。

## ❖明暗法と遠近法

《岩窟の聖母》にはなお注目すべき点がある。すでに《三王礼拝図》でこころみられた三角形の構図が完璧となっている。聖母の頭の上を頂点として、一辺はヨハネの肩から地上に、他辺は天使の頭と背に達する線が、ほぼ正三角形を形づくる。さらに細かくみると、聖母の胸のブローチを頂点として、一辺は聖母の上衣の内のひだとヨハネの両手にいたり、他は聖母の左手とキリストの背にいたる、もうひとつの小さな三角形がある。この小三角形へ天使の右手の人さし指がつきでている。全体の調和をやぶるように見えて、じつはたいせつな役割を演じている。こうした構成はレオナルドならではである。そればかりか、《聖ジローラモ》においては未完成だった岩窟がここでは主題としてとりあげられ、明暗がクッキリ描かれた。

いうまでもなく明暗は光と影との関係であるが、これをレオナルドはどのように理論づけたか。

「影は光よりも大きな力をもっている、というのは、物体から光を禁じこれを完全に奪うけれど、光は物体つまり固体から影をすっかり追い払うということは絶対にできない。……画家よ、君は、万能になり各種各様の判断をたのしむためには、同じひとつの構図のなかで、非常に朦朧《もうろう》たるものとごく気持ちのいい影をもったものとが並存するようにしなくてはならぬ。しかもこのような影と気持ちよさの原因をはっきりさせるべきなのである」。じつに彼は光、影、色の研究において余人の追随をゆるさない観察を行なっている。この明暗ときりはなせないのが、遠近である。遠近法はギリシア時代から知られてはいたけれど、近代的遠近法が究明されたのはルネサンス時代で、とくに一五世紀に写実主義が最高潮に達するにおよんで盛んとなり、フィレンツェ派は絵画の中心課題とした。この点でもレオナルドはふかい研究を行なった。「遠近法は絵画の手綱であり舵である」――「遠近法とは、あらゆる対象が角錐状線によってその光素を眼に伝達することを実験によって裏書きするところの弁証法的理論である」として、彼は遠近法の三つの性質について論じている。第一は縮小の理論に関するもので、目から遠ざかってゆく対象を縮小遠近法という。第二は目から遠ざかってゆく色彩の変化する方法を意味する。これら二つの性質は一五世紀の絵画で発見されていたが、第三の消失遠近法は彼の独創である。すなわち、対象が遠ざかれば遠ざかるだけ、ぼやけるのはなぜかという論理に関する。これらに加えてなおレオナルドは空気遠近法を考案した。一線上にならんでいるように見える種々の建物のちがった距離が、空気の変化で識別できる。そういう場合、大気をいくぶん濃厚に描かなくてはならない。

明暗法といい遠近法といい、絵画は彫刻にくらべて一段と知的労力を要することは、レオナルドにとって自明の理であった。彼はこうしるす。

絵画と彫刻との間に見出される相違は、彫刻家が画家より大きな肉体的労力によって制作をいとなむのにたいして、画家はその作品をより大きな知的労力によって創るという点にすぎない。絵画は彫刻よりも大きな知的論究を要し、より偉大なる技術乃至《ないし》驚異にぞくする。というわけは、必要に従って画家の知性《メンテ》は自然の知性そのものに変わらざるをえず、かつ自然法則によって必然的に生ぜしめられたもろもろの現象の原因を芸術をもって解釈することによって、その自然と芸術との間の通訳者たらざるをえないからである。

長々と引用してご退屈さま。要は、レオナルドにおいて芸術がいかに「知的論究」すなわち科学的闡明《せんめい》を必要とするかを示したかったのである。科学と芸術は彼にあっては渾然《こんぜん》として一体をなす。《岩窟の聖母》ひとつをとっても、そのことがわかる。

## ❖スフォルツァ騎馬像

フランチェスコ＝スフォルツァ騎馬像の制作――正確にいえば模型塑像の制作は、ミラノ時代において逸することができない。ロドヴィコへの自薦状に抱負を述べていたが、移住後まもなく構想をねりはじめたのであろう。構想が破天荒だったため、一六年の歳月をかけながら、ついに完成するにいたらなかった。彼は、馬を動いている姿で、つまりフランチェスコが地上に倒れた敵将の上にはね上る馬にまたがっているふうにすべきか、それとも静かに歩む馬にまたがっているふうにすべきか、なかなか決断がつかなかった。しかし前者の場合は鋳造がむずかしく、けっきょく後者にきめたらしい。架台の形状も徹底的に研究した。ところが、こういう準備をしているうちに、かんじんの目的から逸脱する。スフォルツァ像ではなくて、馬の研究に没入するていたらくである。なんべんも述べたように、レオナルドは若い時から馬が好きだった。それでパヴィアで知り合った教授マルカントニオ＝デルラ＝トルレ（一四七八―一五一一）と共同して馬や人間の骨格の研究や解剖を行ない、マルカントニオの著作のために挿絵をかいた。レオナルドが図解解剖学の祖といわれるのはこのためだ。

　構想をねればねるほど、研究は横道にそれる。ロドヴィコがしびれを切らしたのも無理はない。一四八九年七月二二日に、ミラノ駐在のフィレンツェ使節がロレンツォ＝デ＝メディチにあてた手紙で、スフォルツァ騎馬像についてロドヴィコ公はレオナルドにモデル制作を命じたが、とても完成しそうにない、よって一、二名の工匠を斡旋《あっせん》していただきたい、と書き送っている。ロレンツォが応じなかったため、ロドヴィコはレオナルドをやかましく督促した。レオナルドのメモに「一四九〇年四月二二日この手帖をはじむ。騎馬〔像〕にふたたび着手」とあるのは、こうした消息を示すものであろう。ついに一四九三年一一月に、ロドヴィコの姪《めい》にあたるビアンカ＝マリア＝スフォルツァとドイツ国王神聖ローマ皇帝マクシミリアン一世――その第一王妃は一四八二年に死去したので第二妃を迎えたというわけ――との婚礼のさい、粘土模型によるスフォルツァ騎馬像がミラノ城前の広場で公開された。威容にミラノ市民は感嘆の声をあげた。馬の頭から足までの長さが七・二〇メートル、鋳造に要すべき青銅の重さは一〇〇トン、という巨大なものだったのである。

## ❖騎馬像模型の最期

粘土模型はようやくできた。しかしこれをどうやって鋳造するかは、いっそうむずかしい問題だった。レオナルドはまたしても鋳造技術について苦心の末、解決法を見いだした。が、そのころからミラノの情勢は険悪となった。この情勢については追って述べるが、ロドヴィコは背に腹はかえられず、一四九四年一一月に記念像のための青銅をそっくり義兄弟にあたるフェラーラ侯に送って大砲の製造に当ててしまったのである。こうして模型は空しく広場に雨ざらしになっていた。一四九九年の末あるいは一五〇〇年はじめ（レオナルドはもうミラノにいなかったが）、フランス軍がミラノに侵入したとき、フランス軍総司令官トリヴルチオ（一四四八―一五一八）の厳命にもかかわらず、フランスの兵士によって損傷された。

一五〇一年九月にフェラーラのエルコレ一世がこの模型を手に入れ、フェラーラにもっていった。しかしどういう事情によるものか、粉砕された。レオナルドのミラノ時代の記念碑は永久に失われ、一六年間の苦心は水の泡となった。もしこれほど巨大な像でなかったら、また制作が遅延しなかったら、スフォルツァ騎馬像はつたわったかもしれない。げんに、ヴェロッキョのコレオーニ騎馬像は、こんにちもなおヴェネツィアの広場に威風堂々たる姿を見せているではないか。もとはといえば、レオナルドの性癖が原因なのだから、だれを恨むこともできない。ただ、レオナルドの気にかかっていた証拠には、多くのスケッチや習作がのこされている（ウィンザー王室図書館蔵）。

### ❖その他の制作と生活

スフォルツァ騎馬像の制作が遅れたのは、他の仕事が彼をとらえてはなさなかったからで、一四八八年ごろ都市計画を立てていたことは前に述べたが、寺院建築の設計もこころみている。建築のスケッチがこれを証明する。ミラノ大寺の中央の塔の模型をつくったり、一四九〇年にはブラマンテといっしょにパヴィアにゆき、そこの寺院の建築を監督した。ただし、じっさいにレオナルドの設計による建物はひとつもない。

一四九〇年にはジァン＝ガレアッツォ＝スフォルツァとイザベッラ＝ダルゴーナとの結婚祝典で機械装置の「天国」という余興を催したり、一四九一年にはミラノの名士ガレアッツォ＝ダ＝サンセヴェリーノ邸でひらかれた仮面演武会の準備をした。またロドヴィコの命で二つの肖像画をかいた。ひとつはロドヴィコの愛人チェチリア＝ガルレラーニの肖像である。白いテンを抱いているので《テンの婦人像》とよばれる（クラカウ市のシャルトリュスキー博物館蔵）。もうひとつは《音楽家の肖像》（ミラノのアンブロジアーナ文庫蔵）である。そのほか、マルテザーナ運河（アッダ川とミラノとをむすぶ）工事やミラノ城の築城にも関係したし、城内のサラ=デル=レ=アッセ天井に装飾を行なった。繁茂した樹木の根や幹や枝がまつわり入りみだれた絵で、レオナルドはこういう編細工を非常に好んだのだ。とにかくこう多忙では、か

テンの婦人像(上)、音楽家の肖像(下)

サラ-デル レ-アッセの天井装飾

らだがいくつあったって足りない。凝り性の彼は、何かに気がむくとトコトンまで追求し、いきおい他の仕事は中断ないし放棄される。

ところで一四九〇年七月二二日付のメモに、ミラノ時代の私生活を知るうえに興味ふかい記述がある。

ジァコモ来《きた》りてわれとともに住む。一〇歳なり。二日目にシャツ二着、長靴下一足、胴着《どうぎ》一着を裁たせた。その支払いのため銭をとっておいたら、彼は財布からこの金を盗んだ。余はその確証をもっていたが、彼に白状させる能《あた》わざりき。――四リレ。翌日ジァコモ＝アンドレア宅へ晩飯を食べに外出。例のジァコモは二人前の晩飯を食い、四人前のいたずらをした。というのは罎《びん》を三本割り、酒をこぼし、その後で余のところに晩飯も食いに来た……細目。九月七日、余のもとにいたマルコから値一二ソルディの尖筆を盗んだ。それは銀製で、スタジオから盗み出したものだ。このマルコはさんざん探したあげく、このジァコモの箱の中にかくしてあったのを発見した。——リラ二ソルディ。

ジァコモがこんな盗みやいたずらをしたって、レオナルドはとがめなかった。それどころか、ずっと愛弟子兼従僕をつとめさせた。そして長年の奉仕にたいして少なからぬ遺産（庭園の半分、家屋一軒）を与えた。レオナルドの人柄がしのばれる。一見みみっちいこうしたメモは、当時の暮らしが依然として楽でなかったことを推測させる。それもそのはずで、何ひとつ完成しないのだから、まとまった金がはいりようがないのだ。一四九二年から九三年にかけて絵画論を書いた。今までたびたび引用した絵画論は、当時の執筆になるものである。

## ❖《最後の晩餐》の主題

ここでレオナルドの不朽の傑作《最後の晩餐》を語る順序となった。彼がいつごろからかきはじめたか、正確にはわからない。絵のあるサンタ＝マリア＝デル＝レ＝グラツィエ修道院はミラノ城の近くに存し、ロドヴィコはここで外国使節と会見するのが常で、修道院長とも昵懇《じっこん》だった。ロドヴィコは一四九二年に修道院の食堂を改築するようにブラマンテに命じ、この食堂の後壁にロンバルディア派の凡庸な画家モントルファノ（一四四〇—一五〇四）がキリスト磔刑《たくけい》図をかいた。これは一四九五年に完成された。よって食堂の前壁にレオナルドが《最後の晩

最後の晩餐

餐》をかくように命じられたのである。したがって制作の開始を一四九五年ごろと推定できる。

主題はどなたもご存じであろう。『ヨハネ伝』第一三章第二一節以下に見える。

イエスは、これらのことを話されたとき、霊の激動を感じ、あかしして言われた。「まことに、まことに、あなたがたに告げます。あなたがたのうちのひとりが、わたしを裏切ります」。弟子たちは、だれのことを言われたのか、わからずに当惑して、互いに顔を見合わせていた。弟子のひとりで、イエスが愛しておられた者が、イエスの右側で席に着いていた。そこで、シモン＝ペテロが彼に合図して言った。「だれのことを言っておられる

のか、知らせなさい」。その弟子は、イエスの右側で席に着いたまま、イエスに言った。「主よ、それはだれですか」。イエスは答えられた。「それはわたしがパン切《き》れを浸《ひた》して与える者です」。それからイエスは、パン切れを浸して、取って、イスカリオテ＝シモンの子ユダにお与えになった。彼がパン切れを受けると、そのとき、サタンが彼にはいった。そこで、イエスは彼に言われた。「あなたがしようとしていることを、今すぐしなさい」。席に着いている者で、イエスがなんのためにユダにそう言われたのか知っている者は、だれもいなかった。ユダが金入れを持っていたので、イエスが彼に、「祭りのために入用《いりよう》の物を買え」と言われたのだとか、または、貧しい人々に彼が施しをするように言われたのだとか思った者もなかにはいた。ユダは、パン切れを受けるとすぐ、外に出て行った。すでに夜であった。

### ❖《晩餐》の比較

この劇的な瞬間は、いうまでもなくレオナルド以前においても多くの画家によって描かれた。レオナルドはそれらと根本的にちがう、その意味で画期的なこころみをした。従来の壁画術に満足せずに油絵にした。明暗の微妙なやわらかな効果、頭部の像と背景との調和などは、油絵からしか期待できないからである。次に物語の悲劇性にふさわしい効果をあげるために、立体的な構図や人物の配置や動作に格別の工夫をこらした。こうした構図の妙に関しては、たくさんの美術史家が解明している。現代におけるレオナルド研究の権威ヴェルフリンの説をご紹介しよう。ヴェルフリンは、傑作にはちがいないが古い類型的な構図を出なかったギルランダーヨとレオナルドとをくらべながら、こう論じている。

ギルランダーヨでは、卓は両端が折りまげられ、ユダは離れて前方に、一二人の他の者の列は後方に座し、ヨハネはその際に両腕を卓の上において、主のそばで眠りこんでいる。キリストは右手をあげて話しかけている。裏切りの告知はすでになされていたにちがいない。なぜなら、使徒たちは憂慮に充ちているのが見られ、一人一人はその無罪を誓い、またユダはペトロによって釈明がもとめられている。ところがレオナルドは、まず二つの点で伝統から離れた。彼はユダを孤立からとり出し、それを他の人々の列のうちにおき、ついで、ヨハネが主の胸に横たわるというモチーフから解放されている。こうして彼は場面におけるいっそういちじるしい均質性をえ、また使徒たちは左右相称的に主の両側に配分されることができた。一種の構築的排列への要求にしたがったのである。

しかし彼はただちにそれ以上に進み、グループ、すなわち左右にそれぞれ二つの三人のグループを形づくっている。キリストは他の何人《なんぴと》とも似ない主宰的中心人物となっている。ギルランダーヨの場合では、それは中心のない集合、多かれ少なかれ独立的な半身像の並列であって、それらは卓と後壁との二つの大きな水平線のあいだに張られている。ところがレオナルドはただひとつの大きな線、すなわち避けがたい卓の線を保持した。ギルランダーヨはなお、図のすみずみまでも静観的に楽しもうとする。したがって珍しい庭の植物や小鳥や他の獣類が供せられなくてはならない観衆を当てにし、また彼は卓上の膳立にいろいろと気を配り、会食者の各々にそれだけの数の桜んぼうを渡している。レオナルドは必要なものだけに制限している。図の戯曲的な緊張が観者をしてそのようなよけいな娯楽を欲せしめない、と彼は期待することができる。

レオナルドの作がいかに新機軸を出したかがわかる。一二人の使徒が三人ずつ四つのグループにわけられ、中央のキリストとともに二等辺三角形を形づくり、四つのグループがまたそれぞれ三角形をなす、そうした幾何学的な構図は一見して明らかである。こういう複雑が統一をたもつのは、中央のキリスト像がひきしめているからにほかならない。キリストはもはや死を覚悟してのゆえか、従容《しょうよう》としている。これに反して、当然ながら他の使徒たちは、あるいはおどろき、怒り、悲しみ、疑っている。レオナルドが『最後の晩餐のための覚え書』にかいているとおりに。「酒をのんでいたが、盃をその場において、頭を話し手の方へ振り向けた者。他の一人は両手の指を組み合わせ、きびしい眉をして仲間の方へふりむく。別の男は、両手をひろげて掌を見せ、耳まで眉を聳《そび》やかし、驚きの口つきをする。もう一人は別の耳に囁《ささや》いている。それをきく男はかれの方をねじむいてこれに耳を貸す。片手にナイフ、他の手にはそのナイフで半分切りかけのパンを握ったまま。他の男は、ナイフを握ったまま、ふりむくはずみに、その手でテーブルの上の盃をくつがえす。他の男は両手をテーブルの上において見物している。別の男は口いっぱいの吐息をついている。別の男は話し手を見ようと前かがみになり、目陰をする。別の男は前かがみになっている男のうしろに身をひいて、壁と前かがみの男とのあいだから話し手を見ている」。

## ❖たぐいまれな人間洞察

じっさい、レオナルドほど、笑う、泣く、怒る、絶望する人間の表情——表情は人間心理のあらわれである——をつぶさに観察した画家はいない。「怒れる男はどのようにかくべきか？君は怒れる人物に相手の頭髪を握らせ、頭を地べたにねじ伏せ、片方の膝で肋骨を踏み挫《くじ》き、右腕は拳を高くあげているように描くべきだ。この男は頭髪は逆立ち、眉は下がってひそめられ、歯は食いしばり、両の口角は弧をなし、頭はふくれあがって、敵に乗りかかることによって前に突出され、一面の皺ができているのがいい。絶望している男はどのようにかくか？絶望している男はナイフをふるい、両手で衣服をひきさいてしまったように描かねばならぬ。そしてその片手は傷口を引っかくことに働いているべきだ。足はひろげ膝をやや曲げ、全身は同じく地べたの方に「よろけかかり」、頭髪はばらばらにみだれている」。

ヴァザーリによると、レオナルドは変わった顔つきの男に出会うと、かならずあとをつけまわして観察し、帰ってから記憶で、写生したようなデッサンをかいた。ミラノ時代にもっとも多い「カリカトゥーラ」（戯画）は人間の百面相をうつしている（ウィンザー王室図書館蔵）。美醜、喜怒哀楽の研究はすべて芸術への前提だった。《岩窟の聖母》において身ぶりと心理との相関関係に注意しておいたが、《最後の晩餐》はそうした研究の総決算であった。

カリカトゥーラ

## ❖エピソード（一）

《晩餐》の制作についてはいろいろなエピソードがつたえられている。たとえば、ミラノの小説家で、レオナルドの制作中にしばしば訪れ、彼を観察したマッテオ＝バンデロ（一四八五—一五六一）がつたえる話である。それによれば、レオナルドは彼の友人や弟子たちが彼を訪れ、絵について公然と意見を述べたとき、たいそう喜んだ。「私はしばしば見かつ観察したのだが、彼はしばしば非常に早くからやってきて、足場に登ってゆくのが常だった――というのは《最後の晩餐》は床よりかなり上にとりつけられたからだ――それから彼は、私はくり返していうが、日の出から夜遅くまで手から画筆をおかないのが常であった。事実彼は飲食を忘れてひとつのものを描きつづけた。それから彼が少しも手をふれず、しかもその絵の前で、たんに考察に耽《ふけ》り、彼の人物像を吟味し、比較し、批判しつつ、その日の一時間または二時間を費やした。

私はまた、彼が、何かの気分または気まぐれに襲われて、太陽がもっとも強く照りつけている昼ごろに、彼が彼の驚歎すべき騎馬像の模型をつくっていた旧城へ急いで去り、デルレ＝グラツィエの方へ飛んできて足場に登り、画筆をとり、そこにある人物像に一、二の筆を加え、その次に直ちにふたたび踵《きびす》を返して去るのを見たことがあった」。

なんと、レオナルドはスフォルツァ騎馬像と《最後の晩餐》とをカケもちしていたのだ。その絶倫な精力、そのすさまじい執念には、ただもうおどろくほかない。

## ❖エピソード（二）

ヴァザーリも同じことをつたえている。児島先生の名訳をおかりしよう。

伝云《でんにいう》。聖マリア＝デル＝グラツィエの僧院長偶々《たまたま》レオナルドが袖手《しゅうしゅ》考案に没頭して半日の久しきに及べるを見て甚《はなは》だ之《これ》を怪《あや》み、爾来屡《じらいしばしば》、レオナルドに迫りて制作の完成を督促すること極めて煩可《はんか》なりき。蓋《けだ》し彼はレオナルドが終日筆を休めざること恰《あたか》も園丁が園中の土を鋤《す》くが如くならむことを期待せしなり。而《しか》も院長は之を以《もっ》て足れりとせず、更《さら》にミラノ侯に強訴《ごうそ》すること頻《しき》りなりしかば侯遂にレオナルドに使を遣《つか》わして穏《おだやか》に制作の完成を勧め、且《か》つ彼に此事《このこと》の偏《ひとえ》に僧院長の強訴に基けることを告げしむ。

レオナルドは侯の聡明深慮を熟知せしかば（院長に対しては敢《あえ》て一語をも発せざりしが）侯に謁して備《つぶ》さに実情を陳《の》べむとせり。乃《すなわ》ち大《おおい》に美術を論じ、名匠の想を構え完全なる理想を形成するは総《す》べて之を彼の脳裡に於《おい》てす。手を下して模写表現するは理知によりて理想を把捉したる後なり。故に其制作すること最も少き時却《かえっ》て最も盛に創造しつつあること多きを知るべしと説けり。

彼尚附言して曰《いわ》く、今彼が餘すところ二頭首あり。其一は即《すなわ》ち基督《キリスト》の頭首にして其粉本《ふんぽん》は元より地上に之を求む可《べ》からず。又惟《おも》うに彼の想像力と雖《いえど》も到底此神人に相応する崇高慈眼の相貌を案出し得べきに非《あら》ざること明らかなり。其二は即ちジュダの頭首にして之亦彼の甚だ苦慮するところなり。無限の恩恵に浴しながら己の主にして又宇宙の根本たる神に反《そむ》くことを敢てせしかの不敵なる人物の面目を躍如たらしむ可き顔面を想像することは彼の能《よ》くするところにあらざればなり。然《しか》れども其粉本は必ずしも之を地上に求むるに難からざるべし。假令《たとえ》遂に他に一層適切なるものを発見せざりしとするも尚かの執拗厚顔なる院長の頭首を以て之に充つるを得むと。侯哄笑《こうしょう》して其言の是《ぜ》なるを称せり。是《ここ》に於《おい》て憐むべき院長は慚愧汗背《ざんきかんぱい》止むことを得ず退きて庭園の作業に従い、復《また》レオナルドを煩《わずら》わすことなかりき。彼幾何《いくばく》もなくジュダの頭首を完成せしが其形容真に背信冷酷の権化《ごんげ》の如くなりき。

ヴァザーリの筆は場景を活写してあますところがない。ともあれ、レオナルド最大の傑作は一四九八年にはキリストの頭首をのこしてほとんど完成された。遅筆をもって鳴る彼にしては早かったといわねばならない。

## ❖エピソード（三）

「生きた、書いた、恋した」という墓碑銘で知られる、一九世紀フランスの小説家スタンダール（一七八三—一八四二）は、一七歳のときナポレオン遠征軍に加わってミラノに入城していらい、たいへんなミラノ—イタリアびいきとなった。のちに七年間ミラノに滞在し、ルネサンス美術に心酔して『イタリア絵画史』（一八一七年）を書いた。「セントーヘレナ島に幽閉されしフランス皇帝ナポレオン大帝に」という物々しい献辞をもった本だ。じつは大部分が当時の美術史家の説の借用ないし盗用で、学問的にはあまり価値がないといわれる。むしろスタンダールの自我の成長の記録として読まれるべきであろう。そういう読みかたをすると興味がわく。第三部がレオナルド伝に当てられているが、放胆な創作をしているのが、いかにもスタンダールらしい。「ある麗《うら》らかな春の日の暁、私は馬の背にまたがってフィレンツェの町を出発した。アルノ河に沿って下り、美しいフチェキオの湖のあたりまでたどりついた。その傍《かたわら》に小さなヴィンチの城の廃墟がある。この美しい丘にとりかこまれた土地で、ちょうど私の訪れた時から三四〇年前の、一四五二年に、世の大画家の最初の人が生まれたのである」が書き出しである。ほんとうは、スタンダールは一度もいったことがなかったのである。

しかしこのレオナルド伝をスタンダールの創作として読むと、なかなかよくできている。ことに《最後の晩餐》についての記述（第四五章以下）は、ジョセフ＝ボッシという研究家の著書に少なからず負うているにしろ、きわめて生彩にとむ。第一、彼は長くミラノに住んだから、グラツィエ修道院の壁画をしばしば見たにちがいない。そして直接の印象のもとに書いたにちがいないのである。

ついでに記すと、このボッシの本は、当時世評が高かったらしく、ゲーテ（一七四九－一八三二）も『ボッシのレオナルド＝ダ＝ヴィンチの《最後の晩餐》について』（一八一七年）という有名な論文を書いた。ゲーテは疑いもなくレオナルド以後ヨーロッパにあらわれた、ほとんど唯一の万能の天才であった。彼はイタリア旅行の帰途ミラノによって絵をみた。そして、ボッシに記してこう述べている。「レオナルドがこの絵を主として活気づけた偉大な手段を述べねばならぬ。それは手の動きだ。しかしこれはイタリア人にのみ見いだせるものだ。イタリア国民においては全肉体が理知的である。すべての四肢が感情や情熱や、それどころか思想の表現にあずかっている」ゲーテはレオナルドが意図したところを炯眼《けいがん》にも洞察したわけだ。

### ❖名画のゆく末

ところで西洋絵画史上屈指のこの名画くらい、数奇な運命にもてあそばれたものはあるまい。絵が完成されたとき、ひとびとはどんなに感嘆したことであろうか。修道院食堂の壁に描かれた横九メートル、高さ四メートルの壮大な晩餐図は、色彩といい明暗といい構図といい、ひとつとして画期的ならぬはなかった。だが、まさにその画期的なこころみのゆえに、修道院食堂の外部条件のゆえに、さらには後世の放置や破壊のゆえに、レオナルド畢生《ひっせい》の傑作はむざんにも損傷されていった。

もともと修道院が湿地にたてられていたのに加えて、壁が硝石をふくむ石からできていた。この石は吸収した湿地を分泌したから、背後からしだいに湿気が絵をおかし、画面をひどく傷つけた。そのために油絵の微妙な色調とかやわらかな味を台なしにした。それでもしばらくの間はもとの華麗な色彩を保持していたことは、一六世紀のはじめ一〇年間にレオナルドの弟子や模倣者がつくった多くの模写で証明される。一五一五年一〇月に、レオナルドの保護者フランス国王フランソア一世（在位一五一五―四七）が、マリニャーノの戦い（一五一五年）で大勝をえたのちミラノに入城したとき、まだ壁画を観賞できた。王は感激のあまり、無謀にも絵を壁からはがしてフランスにもって帰ろうとさえした。が、一六世紀半ばをすぎると、もう損傷がひどくなってきて、ヴァザーリが一五六五年にみて「暗くなった色彩の汚斑」となげいたほどだった。

一七二六年から七〇年までのあいだに無能な修正が行なわれた。一七九六年にフランス軍がミラノに侵入したときは、ナポレオン（一七六九―一八二一）が兵士に絵の保護を命じたにかかわらず、彼らは食堂を馬小屋として、のちには乾秣《ほしまぐさ》倉庫や牢舎に利用した。スフォルツァ騎馬像模型を破壊したフランス兵の子孫は、三〇〇年後にレオナルドの第二の傑作にとどめをさしたのだ。しかもレオナルドの作品をもっとも多く保存しているのがフランスだとは、歴史の皮肉である。

一九世紀になってこのような乱暴はやみ、保護が与えられたものの、色はあせるいっぽうで、どうすることもできなかった。第二次世界大戦の勃発が決定的な打撃を与えた。イタリア政府は爆撃からまもるために、壁を板や鉄板でおおい、その上に土嚢《どのう》を築いて地中にうめた。一九

サンタ-マリア-デルレ-グラツィエ寺

四三年八月に修道院に爆弾がおち、建物は破壊された。さいわい絵は難をまぬがれたとはいえ、数年間土のなかにうめられていたから、戦後に掘り出されたときは絵にカビが生えており、まるで亡霊のようだった。昭和一〇、一一年ごろ、私は大学で京城大学の上野直昭先生のレオナルドの講義をきいた。そのおり、《最後の晩餐》が幻燈を使って説明され脳裏にきざみこまれた。ところが数年前、サンタ-マリア-デルレ-グラツィエ修道院をたずねて実物をみた瞬間、呆然とした。それは似ても似つかぬものであった。傷《いた》ましいとも悲しいとも、形容しようのない思いだった。これにくらべると、現代の芸術家はなんと幸福なことか。過保護といいたいくらいだ。だが、保護から傑作がうまれるとはかぎらない。

### ❖ロドヴィコ失脚

ミラノ時代におけるレオナルドの科学的研究および芸術的制作は以上のようだが、合間にロドヴィコのためにさまざまな仕事をした。城内の装飾、公夫妻とその二児の肖像画（現在は消失）、レオナルドが指導的地位をしめたミラノ宮廷における科学者や芸術家の集まり（「アカデミア－レオナルディ－ヴィンチ」一四九八年ころ）とか。しかし詳細は省かせてもらう。一五〇〇年はじめにレオナルドはミラノを去る。その動機を知るにはミラノの政情やロドヴィコの没落を語る必要がある。

前述したように、一四九四年九月にフランス国王シャルル八世がナポリ領有権を主張してイタリア遠征を企て、ロンバルディアに侵入した。ロドヴィコは王と親しかったが、一〇月に甥《おい》のジァン＝ガレアッツォが急死すると継承者となり、以来ミラノの君主として最盛期を現出したのである。が、この簒奪《さんだつ》者は見込みちがいをおかした。外国軍のイタリア侵入をみちびいて、爾後《じご》イタリアを混乱につきおとす因をつくったばかりではない。フランス王はミラノにたいしても権利を主張し、ロドヴィコにとって危険となったからである。そこでロドヴィコはにわかに反フランスの旗幟《きしょく》をかかげ、ローマ法王、ヴェネツィア、ドイツ国王マクシミリアン一世を反仏同盟にひきいれた。

軍備拡張はミラノ公国の財政を困窮状態におとしいれたが、余波はレオナルドにおよんだ。スフォルツァ騎馬像を鋳造するための青銅は大砲製造に転用されたのみか、手当てもロクに支給されない。一四九五年から九八年のあいだに書いたと思われる、ロドヴィコあての手紙の断片は、窮状を切々と訴えている。

……わたしは生活の資をかせがなければならぬために、かねて閣下の委嘱された仕事を継続するのを妨げられているということをすこぶる遺憾とするものであります。だがまもなくたっぷり儲《もう》けて、敬愛する閣下のお気持ちをやわらげることができるだろうと希望しております。もし閣下がわたしを金にこまらぬもののようにお考えでしたら、それは誤りでございます。けだしわたしは三六か月六人の口を養ってきたが、五〇ドゥカーティしか持ち合わせていなかったのでした。……私事の些事《さじ》をもって閣下の御心を煩したが、わたしは黙しているべきだったのでしょう……馬については何も申し上げますまい、けだしわたしは……時を知っていますから……わたしの給料が二年間滞《とどこお》っていたことを閣下に……二人の親方はずっとわたしの自腹をきって小遣いも与え……ついにその仕事で約一五リレばかり払いすぎていたのを知りました……立派な作品、それによってわたしは将来の人々にわたしが……であったことを証明することができたでしょう……。

ロドヴィコが没落する直前の一四九九年四月にレオナルドにぶどう園を贈ったのは、《最後の晩餐》の報酬だったけれど、急場《きゅうば》をしのがせるためであったろう。

そのうちロドヴィコをめぐる情勢は、好転するどころか、ますます悪化した。一四九八年四月にシャルル八世が没してルイ一二世（在位一四九八―一五一五）が立つと、王も断固としてミラノ領有権を主張した。ロドヴィコはイタリア諸国やマクシミリアン一世に援助を乞うたが成功しない。同年七月、フランス軍はなだれを打ってロンバルディアに侵入した。九月にフランス軍総指揮官トリヴルチオはフランス王の同盟者チェザレ=ボルジアとともにミラノにはいった。ロドヴィコは逃亡する。

レオナルドはミラノのこうした政変にわれ関せずで、あい変わらず科学研究に専念していた。もともと政治むきの事柄は関心の外にある。政治にかぎらず、俗事にはトント無頓着なのである。ポール=ヴァレリーは「王者の無頓着」とよんでいる。ルイ一二世は軍紀を厳にしたので、ミラノは比較的に平穏だった。レオナルドはミラノを退去するにおよばなかった。しかしフランス軍がロマーニャにおけるチェザレ=ボルジアを助けるべくミラノをはなれるが早いか、住民中のロドヴィコ派が市民を煽動《せんどう》し、騒然たる情勢となってきた。そこでレオナルドはミラノを去ることが得策と考え、友人の数学者ルカ=パチョーリ（一四五〇ころ―一五二〇ころ）――レオナルドは彼の著書『神聖なる均斉』（一五〇九年）に線画をかいた――や弟子サライなどと同行して、一四九九年一二月半ばに去ることにした。メモで彼は憮然《ぶぜん》として書いた。「公、国家と財産と自由とを喪失。公の仕事はすべて未完成となった」。一五〇〇年二月にロドヴィコは一時ミラノを奪いかえしたものの、四月にノヴァラの戦いにやぶれた。捕えられてフランスに連行

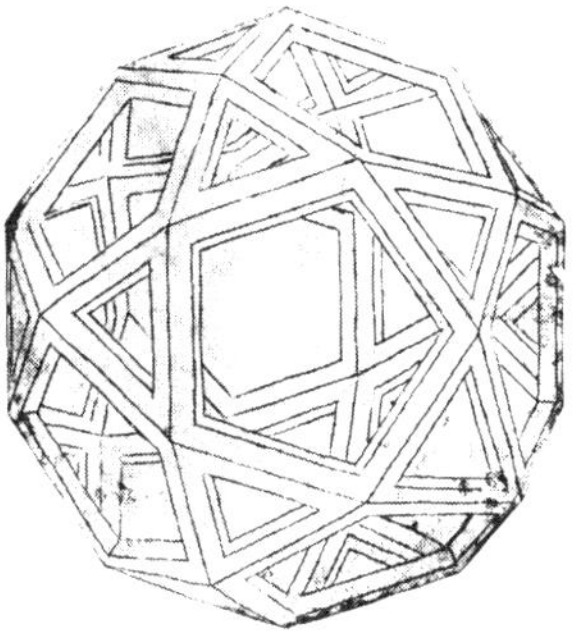

パチョーリのための線画

され、ロッシュの地下牢で獄死をとげた。簒奪者の末路や、あわれ。

思えば彼の全盛時代は、レオナルドを招いた以後の数年間だった。それから後は、やることなすこと鶍《いすか》の嘴《はし》とくいちがった。デステ家のベアトリーチェ（一四七五―九七）とのあいだにもうけた子――ドイツ国王マクシミリアンにあやかってマッシミリアーノ（一四九一―一五三〇）と名づけられたが――も、父の没落とともにインスブルックに送られた。のちにこの子はミラノの奪取をはかったが失敗し、永久に追放された。ルネサンス時代イタリアの僭主の転変の縮図である。

# 故郷喪失者

## ❖世界第一等の女性

一四九九年末にミラノを出発したレオナルドは、三月半ばにヴェネツィアにつき、しばらく同地に滞在してから四月末に一八年ぶりで故郷の土をふんだ。ヴェネツィアに向かう途中、マントヴァにより、ゴンザガ侯妃イザベッラ＝デステ（一四七四―一五三九）のもとでやっかいになった。

イザベッラ＝デステは当時「世界第一等の女性《ラ―プリマ―ドンナ―デル―モンド》」と称された。ブルクハルトによれば「夫人にたいするわれわれの判断は、この美しい奥方の庇護《ひご》にゆたかに報いた芸術家や著作家に頼るまでもない。夫人自身の書簡がわれわれに、この何ごとにも動じない、おちついた、ものごとをいたずらっぽく眺めている愛想のよい女性を、十分に描き出している。この宮廷は小さくて無力であり、その金庫もよくからっぽになったのに、ベンボ、バンデロ、アリオスト、ベルナルド＝タッソはその作品をこの宮廷に送った。古いウルビーノの宮廷が解体して（一五〇八年）以来、このような洗練された社交の集まりは、どこにももう存在しない。……イザベッラ夫人は、芸術にかけては特別な識者であった。夫人のささやかながら、よりぬかれた収集の目録は、芸術を愛する者ならばだれでも、感動なしに読むことはできない」。

こうした女性像にたいして、最近、わが国のルネサンス研究家の塩野七生さんが異議をとなえ、すぐれた評伝を書いた。が、ここはイザベッラ＝デステを語るべき場所ではない。

イザベッラはミラノのロドヴィコ＝スフォルツァと親密な関係があった。というのは、ロドヴィコは彼女に求婚したのだったが、マントヴァ侯フランチェスコ＝ゴンザガ（一四六六―一五一九）との婚約が成ったばかりだったので、三九歳のロドヴィコは自分より二四歳も若い妹のベアトリーチェと結婚した。政略結婚みたいなものだ。ベアトリーチェは華美なミラノ宮廷を子供のように――じじつ、彼女は少女だった――よろこんだが、二人の子をのこして二二歳で死んだ。そんなわけで、イザベッラは妹夫妻と親しく交わり、ミラノ宮廷をたびたび訪問した。彼女は芸術愛好家だったから、ロドヴィコに仕えるレオナルドのことを知っていたにちがいない。彼の絵がほしくてたまらないイザベッラは、レオナルドがマントヴァに立ちよったのをさいわい、懇願してチョークで自分の肖像画の下絵をかかせ、のちに油絵の肖像画をかく約束をかわした。この素描画は、現在ルーヴル美術館にある。

もちろん、このような素描画で満足しないイザベッラは、本格的な肖像画をかかせようと躍起となった。彼女がフィレンツェの通信員や代理人に送った手紙はこの一件に関するものばかりだ。しかし努力の甲斐《かい》なく、ついにレオナルドの作品を手に入れることができなかった。イザベッラが一五〇六年にフィレンツェを訪れたとき、レオナルドはいたのに、水力学の研究に熱中して会おうとしなかった。一五〇六年をもって両者の交渉は絶えるのだが、「世界第一等の女性」の懇願を、なぜ承諾しなかったのか。生来の女ぎらいのせいか、たんにつむじ曲りのせいか、わからない。わかっているのは、イタリア第一といわれるマントヴァ産の馬に熱狂したことだけだ。とはいえ、レオナルドの気持ちはわからぬでもない。つねに自分じしんにのみ仕えた彼は、他人に束縛されたり負い目をもつのがいやでならなかったのである。

イザベッラ=デステの肖像

## ❖サヴォナローラの出現

ところでレオナルドが戻ってきたフィレンツェの情勢は、一変していた。彼が郷関を出たころ、メディチ家のロレンツォが活躍中であった。だが一四九二年に四三歳の男ざかりで没すると、フィレンツェの、またイタリアの情勢は急角度で回転した。ある意味でロレンツォはイタリア諸国の勢力均衡の維持者だったのである。彼の死はそうした均衡を失わせ、外国軍の侵入とあいまって、イタリア諸国を果てしない混乱におとしいれるきっかけとなる。一四九四年秋、フランス王シャルル八世はナポリ遠征の途次フィレンツェを攻めた。ロレンツォのあとメディチ家の当主となっていたピエロ＝デ＝メディチ（一四七一―一五〇三）は、屈辱的な和をむすんだ。フィレンツェ市民は腑甲斐《ふがい》ないピエロを放逐し、ひさかたぶりで共和政を復活した。このとき、シャルルとの交渉に当たったのがサヴォナローラである。

サヴォナローラは北イタリアのフェラーラに生まれた。宗教的回心を経験して、ドメニコ修道院にはいり、のち、フィレンツェのサン＝マルコ修道院長となった（一四九一年）。時あたかもルネサンスは最高潮。信仰心は地をはらい、世俗的文化は滔々《とうとう》たる勢いである。そうした世にサヴォナローラは警告を発する。「悔い改めよ、時は近づいた。贖罪せよ、大いなる災いは必ずや汝らをおそうであろう」。気ちがい坊主あつかいした市民は、いつしか彼の熱弁に耳をかたむける。ボッティチェリのごときも翻然《ほんぜん》として信者になる。追随者が日ましにふえ、彼らは「ピアニョーニ」とよばれた。「泣き虫」という意味で、サヴォナローラの説教をきいて、感動のあまり泣きだすからである。おりからのフランス軍侵入は、サヴォナローラの予言が的

サヴォナローラの処刑

中したように世人には思われた。しぜん彼の地位は指導者にたかまる。すると彼はきびしい神政政治をしき、市民の道徳的更生をはかろうとするばかりでなく、ローマ教会の俗化に非難の鋒先《ほこさき》をむけ、教会改革を叫ぶ。こうした市民の熱狂は、一四九七年の謝肉祭における「虚栄の焼却」でクライマックスに達した。奢侈《しゃし》品がシニョーリア広場にあつめられ火をはなたれる。ルネサンスの貴重な美術品の多くが烏有《うゆう》に帰した。

だが、こうした政治に不満をもつやからが、反サヴォナローラ派やフランチェスコ派修道僧と組んで反撃にでる。法王アレクサンデル六世は、サヴォナローラを異端と宣告して破門に処する。頼みの綱のフランス王は、事めんどうとみて援助をしぶる。孤立無援におちいった彼はついに法王にとらえられ、審問をうけたのち、「虚栄の焼却」を行なったと同じ広場で火刑に処せられた。一四九八年五月二三日のことだ。

サヴォナローラ事件は、異教的風潮がびまんしたルネサンス盛期において、ひとつの奇跡といえるかもしれない。しかしよく考えてみると、彼の人気は当てにならぬものだった。フランス人の侵攻に動転し、わらをもつかむ心理からサヴォナローラにすがったにすぎない。享楽的なフィレンツェ人が彼の説教に魅せられたのはいっ時だった。四囲の情勢がかわり、熱がさめれば、サヴォナローラを見すてるのにふしぎはなかった。こうしてふたたび共和政が復活し、ピエロ＝ソデリーニ（一四五二－一五二二）が首班となって市政に当った。この共和政は、メディチ家が一五一二年に復帰するまでつづく。

## ❖フィレンツェの日々

このような故郷の市の政変は、レオナルドのミラノ滞留中のできごとであるから、もとよりあずかり知らぬところである。風のたよりにきいたとしても、べつだん心を動かされなかったであろう。フィレンツェに戻ったのは、ロドヴィコ＝イル＝モロの没落で行き場所がなくなったからである。家がないではない。が、父ピエロは三度目四度目の妻で大勢の子をつくったから、継母異母弟のいる家に帰る気にはなれない。おまけに、一五〇四年にピエロが死ぬと、遺産をめぐって異母弟との争いがおこる。どうみてもフィレンツェは住み心地がよくない。

フィレンツェの政情や家庭の事情はレオナルドにはどうだっていい。かんじんなのは芸術界だが、それがなんとも沈滞しているのである。師ヴェロッキョやポライウォーロはすでに亡く、ボッティチェリは沈黙し、フィリッピーノやペルジーノも活動をやめている。たびかさなる政変やサヴォナローラ支配下の禁欲的な雰囲気は、学芸の発展にむかなかった。

そうはいっても、他方で一五〇〇年代のルネサンス美術の花形となるミケランジェロやラファエロがようやく頭角をあらわしつつあった。新しい芸術の勃興をうながし、フィレンツェ芸術界に活をいれうる人があるとすれば、ミラノから帰ってきたレオナルドを措《お》いてほかにないはずである。そのレオナルドは、持ち金は底をつく、弟子や馬は養わねばならない、四苦八苦のありさまときている。フィレンツェの日々はおもしろくない。

## ❖《聖アンナ》の制作

そういうところへ、フィレンツェのセルヴィ兄弟団のアヌンツィアータ寺の祭壇画の制作を依頼してきた。こうして着手したのが《聖アンナ》である。ヴァザーリはこう記述する。

レオナルド、フィレンツェに帰来せし時偶々《たまたま》セルヴィ僧徒がフィリッピーノリッピに嘱《しょく》してヌンツィアータの大祭壇の額面を描かしめむとするに会し、彼も亦《また》此種の作を為《な》すに意あるを漏《もら》せしにフィリッピーノ之《これ》を聞きて忽《たちま》ち其《その》謙譲なる性格を露《あらわ》しヌンツィアータの委嘱を辞退したり。是《ここ》に於《おい》て僧徒はレオナルドをして真に製作に従事せしめむが為に彼を寺内に迎え、彼及び彼の門下等の用意を負担せり。レオナルド荏苒《じんぜん》之を久しくして容易に筆を執《と》らざりしが遂に《聖母と聖アンナと基督《キリスト》》とを描ける一幅の画稿を製作し、凡《す》べての美術家を敬服せしめたり。加之《しかのみならず》画稿の完成して公開せられたる二日間は恰《あたか》も大祭日の如く老若男女レオナルドの傑作に接せむとして室内に参集輻輳《ふくそう》し皆其《その》妙技に感嘆せり。

聖アンナ

蓋《けだ》しレオナルドは処女に特有なる謙遜と従順とを描かむことを意とせしかば聖母の容貌は自《おのず》ら基督の御母の温容を示すに足るべく淳朴《じゅんぼく》と美とを完全に具備したるなり。聖母は優しく御子を膝に抱え、其可憐なる姿を眺めて晴れやかなる満足の情を浮べつつ更に柔和なる目《ま》な指《ざ》しを以《もっ》て小羊と戯るる少年約翰《ヨハネ》の方を見やり、聖アンナも亦《また》わが地上の子孫の神に参し得たる歓喜に微笑を湛《たた》えて此《この》光景を見守る。実にレオナルドの知と天才とは此構図の上に遺憾なく発揮せられたり。

まさに干天《かんてん》の慈雨《じう》というべきであろう。久しく醇乎《じゅんこ》たる芸術にかつえていたフィレンツェ市民が狂喜したさまが手にとるようではないか。ケネス＝クラークはいっている。「芸術において英雄的なものや忘我的なものが一四〇〇年代の優雅や自発性よりも重要であった。多くの点でレオナルドは古典様式のこの英雄的なものの先駆者であった。そしてフィレンツェは彼の芸術を評価する用意があった。こうして世間が感激するというようなことは、ミラノにおいてはほとんど不可能だったろう。レオナルドがフィレンツェで過ごした五年間は、ミラノにおける一八年間よりも生産的であった理由がこれでわかる」。さすがは芸術の都フィレンツェである。

聖アンナ画稿

《聖アンナ》の構成はヴァザーリの記述につきているけれど、もう少し詳しく見ることにしよう。

### ❖《聖アンナ》の問題点

アヌンツィアータ寺の原画稿は一五〇一年四月はじめには九分どおり完成していたけれど、その後フランスにわたり、目下のところ存否不明である。原画稿は紛失したが、ロンドン国立絵画館蔵の画稿とルーヴル美術館蔵の未完成油絵との二つがのこされている。前者は一四九八年ころ、つまりミラノ時代から想をねっていたことを証明する。後者は第二回ミラノ時代の一五〇八年ころの創作らしい。ヴァザーリが自分で見たのではなくて、原画稿をみたひとの話によって記述したのか、もし見たとすればロンドンかルーヴルのか、明確でない（クラークはロンドンのではなかったという）。このへんの詮索は専門の美術史家にまかせることにして、いまはルーヴルのほうを述べよう。構図において原画稿とだいたい一致すると考えられるからである。

《聖アンナ》は、正確にいえば《聖アンナと聖母子》である。聖母信仰がさかんになった中世時代から、聖母マリアとイエスとを組み合わせた聖母子像がたくさんつくられた。しかしマリアの母聖アンナを加えた例は、中世にはほとんどなかった。ところがルネサンス時代、とりわけ一五世紀後半になると、聖母子のほかに聖アンナやマリアの夫のヨセフが画面にあらわれ、いわゆる聖家族として成立する。ルネサンスの人間主義の表現といえなくもないけれど、根本においては宗教画である。この絵を《三王礼拝図》とか《岩窟の聖母》とくらべるとき、動きのはげしさにまず気づく。聖アンナの膝にふかく腰をおろし、上体を大きくまげながら両手をのばしてイエスを抱こうとするマリアの姿勢は、一見不自然なまでに大きなポーズである。イエスが両手を前にさし出して小羊を抱きつつマリアをふり返っている。小羊は小羊でもがいている。いちばん動きの少ないアンナにしてからが、マリアをのせるために、かなり無理なポーズをとっている。このように複雑な動きを示すにかかわらず、おちついた印象を与えるのは、そういう動きが三角形の構図に収まっているからだ。レオナルドがもっとも苦心をはらい、またもっとも得意とした技法である。そしてこの三角形の頂点で聖アンナが微笑をうかべている。

微笑というと、《モナ゠リザ》をただちに連想する。が、レオナルドは《モナ゠リザ》以外でもこころみたのである。ただ、《モナ゠リザ》の微笑はなぞめいているのに、聖アンナやマリア（ロンドン蔵のではマリアが口元にかすかな笑みをうかべている）のは悲しげだ。ヴァザーリが歓喜の相をみてとったのは、合点がゆかない。なぜなら、《聖アンナ》は悲劇的な運命を予示した絵なのである。マリアはわが子のきたるべき運命、十字架上の受難をはっきりさとっているからこそ、わが子を救おうと手をさしのべる。このさけがたい運命をアンナはあわれみの情をもってみるほかかない。

ひとみをこらさないとわからないが、聖母の母アンナの右足の小石のあいだに、血まみれの胎児が描かれている。レオナルドはつとに解剖学的研究を行なっていた。それにしても、どうしてこんなギョッとさせるようなものをもちこんだのであろうか。魂胆は何なのか。思うに、祖母聖アンナ、聖母マリア、イエスが三代の歴史を暗示したとすれば、胎児を加えることによって四代を、つまり人類の過去、現在、未来を暗示しているのである。そう考えると、この絵は底しれない深さをおびてくる。

さらに背景をみていただこう。《聖ジローラモ》や《岩窟の聖母》におけるおそろしい岩窟ではない。神韻縹渺《しんいんひょうびょう》とした幻想的な風景である。西洋絵画のカテゴリーをこえて東洋的な情趣あるいは感覚とすらいえよう。矢代幸雄先生は、レオナルドと東洋墨画との歴史的な関連を事実としては否定されながら、彼のような大天才の心のうちには、あるいは大芸術の奥には、世界人類に通じるような何ものかが含まれている可能性はある、と述べている。こうして《聖アンナ》においてレオナルドの宗教観、自然観が寸分のスキなしに結びあった。ルーヴル美術館で《モナ＝リザ》とならべて陳列されているこの絵が、いささかの見劣りもしないゆえんである。

### ❖端倪《たんげい》すべからざる政治家

レオナルドが《聖アンナ》画稿をほぼ仕上げると、いつもの悪い癖で放棄してしまい、科学研究に没頭した。こんどは数学に熱中する。当時、イザベッラ＝デステがレオナルドの絵を手に入れようとして、フィレンツェの代理人フラ＝ピエトロに手紙を書いた。イザベッラへの返事にいわく「レオナルドは一心不乱に幾何学の仕事をしています。彼は絵筆に我慢できないのです」。イザベッラの希望がかなわないわけである。翌一五〇二年七月に、チェザレ＝ボルジアから招かれた。半年以上にわたりチェザレと行をともにし、ロマーニャ各地を歩き、中部イタリアを横断した。『手記』には旅行メモがしるされている。むろん、物見遊山《ゆさん》ではない。要塞構築とか軍用地図作製、都市計画、運河開通の目的である。

権謀術数の見本のようなチェザレ＝ボルジアと高邁《こうまい》な芸術家科学者レオナルドとの交渉は、たしかに興味満点の話題であろう。レオナルド研究家グロナウはこういっている。

どこでこのルネサンスにおけるもっとも超凡な二人物――時代が熱望するところを総《す》べて一身に結合して体現せしめた両人――は会っていたのだろうか。ルイ一二世がミラノに入城したとき、ボルジアはその随行者のなかにいた。その当時レオナルドはまだこの都市を去っていなかった。彼がフランス王と相知ることをえたのは、ただこの地においてのみであったろう。そしてフランス王の厚遇を彼はけっして軽んじようとしなかった。ヴァザーリは、王がサンタ＝マリア＝デル＝レ＝グラツィエ寺の食堂を訪れ、《最後の晩餐》を賞歎したことを伝えている。おそらくチェザレ＝ボルジアもこの当時フランス王の近くにいて、画家がいかに多くの事柄に通暁しているかを知っていたであろう。天才にたいする賞歎の念が二人を結びつけるきずなになったのに相違ない。なぜなら、ボルジアにも自然は非凡な才能を賦与していたから――事実はその数多くの悪行への濫用《らんよう》によって、後世には彼の姿をただ恐ろしいものとしてのみあらわしているけれど――。彼らは、互いに相手の偉大な点に心からの尊敬を払いつつ、ちょうど数年後におけるミケランジェロと法王ユリウス二

トスカナの地図

世と同様な関係に陥っていたものと思われる。

してみれば、チェザレがロドヴィコの没落後フィレンツェに戻ったレオナルドを招いたのは、かねてからの念願をさっそく実現したものであって、一時の思いつきではなかった。ロドヴィコが必要としたように、チェザレも必要とした、芸術家としてではなくて軍事技術家土木工事家としてのレオナルドを。いまや中部イタリアを席捲する野望にもえるチェザレにとって、軍事技術は欠くことができなかった。逆にレオナルドも、かつてロドヴィコを必要としたようにチェザレを必要とした。自己の能力を発揮できるチャンスを与えてくれる君主を。チェザレの政治的野心なんか知ったことか。グロナウが「心からの尊敬を払った」というのは、文飾と考えたい。またチェザレとレオナルドとの関係は、ミケランジェロとユリウス二世とのそれのようなものでなくて淡泊だ。後者は悪縁でむすばれた夫婦みたいなふしがあるが、前者にはない。もっとも、これは私見であるが。

## ❖チェザレの勢威

レオナルドがチェザレの軍事顧問となったころ、チェザレは旭日昇天の勢いだった。一四九九年末から翌年にかけて第一回のロマーニャ出兵、一五〇〇年から一五〇一年に第二回、一五〇二年に第三回の出兵を行ない、とうとう六月にウルビーノをおとしいれ、ここを宮廷とした。レオナルドはこのウルビーノの宮廷にいったのである。同年八月にチェザレはレオナルドに公国特許状を与え、そのなかで彼を「余のもっとも親しい友人、建築技術総監督」とよび、要塞検分の最高権威として、その要求にたいしてすべて服従し、どこでも無税で通行させるよう、全文武官に命令している。九月にチェザレはイモラに到着して一二月まで滞在した。レオナルドもここにきて付近の測量やイモラの町の地図を作製した。おどろいたことに、彼はチェザレ麾下《きか》の隊長のひとりであるヴィテロッツォ＝ヴィテッリからフィレンツェにたいするアレッツォの暴動で助けるように要求され、この目的のために美しい地図を作製した。現在、ウィンザー王室図書館にあるが、故郷の市にたいする暴動の手伝いをするとはレオナルドの気が知れない。強いて弁解すれば、彼にはフィレンツェではなくて地図の作製そのものが肝要だったのではなかろうか。

ところが一〇月にチェザレは思いがけない危機に直面した。というのは、ヴィテロッツォ＝

ヴィテッリらがとつぜん謀反をおこし、そのためチェザレはイモラに釘づけになったのである。おそらくレオナルドもいっしょだったであろう。しかしフランスの援軍がきたことと、謀反人のあいだの不和とがチェザレを危機から救った。彼は一二月に包囲を脱出し、電光石火、シニガーリアにおいて謀反の主謀者たちを殺した。この事件はマキアヴェリも観察して、『ヴァレンティノ公がヴィテロッツォ＝ヴィテッリ、オリヴェロット＝ダ＝フェルモなどを殺害した方法の叙述』という有名な報告を書いた。チェザレの大胆と細心、惨酷と欺瞞《ぎまん》、断固たる行動をほめているのである。

レオナルドはその後もチェザレと行動をともにしたが、いつ、ボルジアのもとを去ったかは分明しない。彼はヴィテロッツォと友人だったから、ヴィテロッツォの死をみてチェザレへの奉仕がいやになったのではあるまいか。これとて推測の域を出ない。ともかく、彼は一五〇三年三月はじめにはフィレンツェに帰っている。だからチェザレのもとにいたのは、せいぜい七、八か月である。そうした短期間に彼はせっせと研究をつづけた。チェザレが父やアレクサンデル六世の急死を機に没落の一路をたどったのは、それから半年たらずの後のことだ。ロドヴィコの没落にさいして「公、国家と財産と自由とを喪失」と書いた。簒奪者の末路にたいする一片の同情心があったのであろうか。だがチェザレの没落については一言も述べていない。

## ❖マキアヴェリの派遣

さて、チェザレ随行者のなかに、もうひとりのフィレンツェ人が見いだされる。マキアヴェリである。どうして彼はチェザレのもとにいたのか。一四九八年にかのサヴォナローラの処刑後にフィレンツェ共和政が復活したとき、マキアヴェリは共和政府の書記局に採用された。以来、軍事外交のために奔走した。共和政府は内憂外患こもごも至るの観を呈していたのである。放逐されたメディチ家が復帰の機会をねらっているいっぽう、フィレンツェに併合されたピサが離反し、たびたび戦いを交えた。フランス王ルイ一二世がイタリア遠征軍をおこすと、フィレンツェはルイと条約をむすび、ナポリ遠征を助ける交換条件としてピサ攻略を援助してもらうことになり、その交渉でマキアヴェリはフランスに派遣される（一五〇〇年七月）。しかしはるかにおそるべき敵が近くにいる、チェザレ＝ボルジアが。ヴィテロッツォにフィレンツェへの反乱を計画させたり、ピサをそそのかしてフィレンツェと戦わせたり、ゆくゆくはフィレンツェに魔手をのばすであろう。そこでフィレンツェ政府はフランスに救援をもとめたところ、先手をうってチェザレはフィレンツェと和をむすぶ。こうした交渉にマキアヴェリが当たることになったのである。もしマキアヴェリとの出会いがなかったなら、権力政治家チェザレの風貌は後世につたわらなかったかもしれない。

マキアヴェリは一五〇二年六月にはじめてチェザレのもとに派された。第二回目は一五〇二年一〇月から一五〇三年一月まで、三か月間におよんだ。彼が共和政府に送った報告書は、チェザレとの交渉をしるしたものだ。チェザレにたいするヴィテロッツォの謀反のときにはチェザレの陣営にいて、水ぎわ立った鎮圧ぶりを目撃することができた。後に彼は『君主論』でこう書いた。「チェザレ＝ボルジアは残酷な人間だといわれるが、残酷なるがゆえには彼はよくロマーニャを平定し、統一し、平和と信頼とを将来したのである。この点を考えると、残酷の評判を避けるためにピストイアを破壊させたフィレンツェ人よりは、チェザレのほうがはるかに慈悲があったことを認めるであろう」（第一七章）。

## ❖三人の関係

レオナルドが一五〇二年夏からおよそ半年、チェザレのもとで軍事や土木工事にたずさわったことは、れっきとした史料があって疑いようがない。他方、マキアヴェリが外交使節として、一五〇二年一〇月から三か月のあいだ同じチェザレのもとにいたことも確かである。したがってレオナルドとチェザレ、マキアヴェリとチェザレとの交渉を追うことはできる。では、レオナルドとマキアヴェリとの交渉はどうだったか。それがわかったようでわからない。マキアヴェリの著作のどこをさがしても、レオナルドのレの字もでてこない。むろん、レオナルドはマキアヴェリについてまったく言及していない。

だが、せまい宮廷のことだ。誰かれの区別はすぐについたはずである。マキアヴェリはチェザレに扈従《こじゅう》する白髪の老人（レオナルドは五〇歳をこえたばかりだったのに老人のように見えた）を高名な芸術家と知ったであろうし、レオナルドも一七歳若い外交官に人並はずれた知的俊敏をみてとったであろう。どちらもフィレンツェ人だ。ただ、一方は生涯故郷をもたなかったのに、他方はあくまで故郷に執着した。同郷のよしみなど、この場合、二人をむすぶ絆にはならない。とすると、彼らの根本態度ということになる。ともに大経験主義者であり、しかも経験から理論を構成する抜群の能力をもっていた。そういう点で彼らは意気投合したかもしれない。あるいは、政治が三度のめしより好きな男と、芸術や科学のほかになんの関心もない男は、黙ってわかれたかもしれない。

## ❖「歴史そのままと歴史離れ」

余談になるが、森鷗外に『歴史そのままと歴史離れ』と題したエッセーがある。「わたくしの歴史上の人物を取り扱った作品は、小説だとか、小説でないとかいって、友人にも議論がある」。鷗外はその理由を述べる。「その動機は簡単である。わたくしは史料を調べてみて、その中にうかがわれる〈自然〉を尊重する念を発した。そしてそれをみだりに変更するのがいやになった。これが一つである。わたくしはまた現存の人が自家の生活をありのままに書くのをみて、現在がありのままに書いていいなら、過去も書いていいはずだと思った。これが二つである」。

ところが「わたくしは歴史の〈自然〉を変更することを嫌って、知らず識らず歴史にしばられた。わたくしはこの縛《いま》しめのもとにあえぎ苦しんだ。そしてこれを脱せようと思った」。そこで鷗外は、『山椒大夫』を書く。が、「歴史離れがしたさに山椒大夫を書いたのだが、さて書き上げたところを見れば、なんだか歴史離れがし足りないようである。これはわたくしの正直な告白である」。

マキアヴェリとレオナルドとの交渉において「歴史そのまま」を尊重すれば、何もいうことはない。史料がないからである。しかし「歴史離れ」して、チェザレを介して両者の交渉を想像するとき、その場の場景がいきいきとしてくる。クラークによると、レオナルドはチェザレのウルビーノの宮廷ではじめてマキアヴェリに会い、フィレンツェに帰ってからも交際した。『レオナルドの世界』の著者ウォレスも同じことを述べている。一五〇三年秋、レオナルドはフィレンツェ共和政府首班ソデリーニの委嘱で巨大なフレスコ画を描くことになった。マキアヴェリはソデリーニのふところ刀だったから、この委嘱にはマキアヴェリの陰の尽力があったという。しかしクラークは何にもとづいてそう断定しているのであろうか。疑えば疑えるけれど、そう考えたほうが自然である。つまり「歴史離れ」することによって、ルネサンス末期の二巨人の姿が彷彿《ほうふつ》としてくる。私はこのレオナルド評伝を書くに当たって自分かってな想像を極力抑えようとしたが、彼のようにわからないことの多い人物の場合は、やはり最小限度の想像は必要である。

## ❖運河工事その他

レオナルドがフィレンツェに戻ってまもなく直面したのは、アルノ川の運河工事計画である。どうしてこんなとてつもない計画に首をつっこんだかというと、フィレンツェとピサとの戦いが契機なのである。フィレンツェはピサに手を焼いた。それでアルノ川をピサからそらせて、ピサと海との交通を断ち、ピサを食糧攻めにして降伏をはやめようとしたのである。はじめは空想的と思われていたが、アルノ川の水路変更はやってやれないことではない。ソデリーニが熱心に支持したので、レオナルドその他が一五〇三年七月に実地調査を行なった。一五〇四年に着手されたけれど、労働者不足や費用の都合で二か月で工事は中止となった。泰山鳴動してねずみ一匹、だったが、事の成否ではなくて、レオナルドが示したあくなき探求心に注目しなければなるまい。

運河工事の関連事項、たとえば水力学といった原理問題から揚水機、水門、浚渫《しゅんせつ》機、水圧機といった応用機械が発明される。『手記』にはそういう水利計画をしるしたものが少なくない。次に一例だけあげておく。

アルノ河が夏に減水したとき、運河が干上《ひあが》らないように、水閘《すいこう》をアレッツォのキアナ谷に造らねばならぬ。この運河は底の幅二〇プラッチャ、口の幅三〇プラッチャ、深さ二プラッチャ、またはそのうち二プラッチャを製粉所や牧場へ流しこむよう、四プラッチャなくてはならぬ。……アルノ河を上流に導くこと、そうすれば欲しい人には一坪《つぼ》ごとに好きなだけの財宝が湧出《ゆうしゅつ》するであろう。

パナマ運河の閘門が「ダ＝ヴィンチ閘門」と命名されたのは、このような運河工事にたいする貢献を記念するためである。

それればかりではない。踏査や工事の場合、地質学や化石の研究まで行ない、天文の研究におよぶ。彼ははっきり「太陽は動かない」とか「地球は一個の星である」と書きのこしている。

## ❖アンギアリの戦い

運河工事の調査をはじめたと同じころ、すなわち一五〇三年一〇月、レオナルドはパラッツォ-ヴェッキオ内の大会議室に壁画《アンギアリの戦い》を委嘱された。アンギアリはボルゴ-サン-セポルクとアレッツォとのあいだに位するテヴェレ川上流の地点。ここで一四四〇年

アンギアリの戦い

六月二九日に、フィレンツェ軍がミラノ公の傭兵隊長ニコロ=ピッキニノを破った。対ピサ戦に手こずったフィレンツェは、このアンギアリの戦勝を宣伝して士気を鼓舞しようとしたのである。じつのところ、当時傭兵隊長が常套《じょうとう》手段とした八百長《やおちょう》戦争だったらしい。マキアヴェリは『フィレンツェ史』第五巻で率直にこう述べている。

> この勝ち戦さが公に与えた損害よりも、トスカナの得た利益のほうがはるかに大きかった。それはもしここでフィレンツェ人が敗北したら、トスカナは公のものになっていたろうが、これにひきかえ、よしんば公が負けても、失うものはただその軍勢の武具や馬だけで、これもわずかな金で取り返しのつくものだったからである。何しろこのときほど、敵地で戦う寄せ手に損害の少なかった合戦は今まで一度もありはしなかった。あんなひどい敗北をして、合戦が二〇時から二四時までつづいたのに、その間に死

んだのはわずか一人で、しかもこれは手傷を受けたとか、はなばなしく戦死したとかいうのではなく、ただ落馬して踏みにじられたためにすぎなかった。その当時の合戦は、何分にもすべてのひとは馬にのり甲冑《かっちゅう》に身を固めていて、命をとられる心配はなかったから、恐れ気もなく戦えたのである。そのうえ、戦う力がなくなったら降参すればよかった。マキアヴェリはこう暴露したものの、「この勝ち戦さの知らせがフィレンツェに着くと、役人衆も人民もともに喜びにわき立った」と付言している。

## ❖《アンギアリの戦い》と《カッシーナの戦い》

アンギアリの戦いの実像がマキアヴェリが書いたとおりだったにせよ、フィレンツェ政庁が、全イタリアに喧伝された大芸術家の帰郷を利用して、戦勝記念画を依頼したのは、時宜をえた。多年来馬について研究したレオナルドにとって、題材に不足はない。しかしレオナルドの性癖を知悉《ちしつ》した政庁は、念のため、画稿完成の期限を一五〇五年二月末とし、報酬支払いについて細々《こまごま》としたとり決めを行なった。こうして彼は一五〇四年三月には仕事にかかり、一五〇五年末に画稿ができあがった。この間に父ピエロが死んだ。レオナルドはたんにこう記した。「一五〇四年七月九日、水曜日。わが父ピエロ＝ダヴィンチ死す。奉行庁附公証人。八〇歳也《なり》。一〇男二女を残す」。また、ミケランジェロがレオナルドのライバルとして登場する一幕もあった。というのは、政庁は大会議室のレオナルドに相対する壁に《カッシーナの戦い》を描くように委嘱したのである（一五〇四年八月）。フィレンツェの兵がアルノ川で水浴していたときピサ人の急襲をうけ、急いで衣服をきて敵に向かった戦いで、レオナルドと同じく士気高揚のためだ。ミケランジェロは画稿を一五〇五年二月に完成した。これに刺激されたのであろうか、レオナルドは画稿の完成にこぎつけたのである。

ところが本番になって、またもや不幸な失敗がくり返された。ヴァザーリのつたえるところでは、彼は壁面に油絵具を使って描こうとしたが、粗粒の混合物を調合した上塗りを用いたため、揮毫《きごう》中に顔料が流れだし、画面がしだいにくずれてきた。そんなこんなで厭気《いやけ》がさし、完成を放棄してしまった。ミケランジェロはミケランジェロで、画稿は完成したけれど、法王ユリウス二世の墓碑制作のためにローマへよばれ、壁画に着手するにいたらなかった。

両巨匠が腕をきそった画稿は非常な評判をとった。若きラファエロはシエナから見にきたとヴァザーリは記しているし、チェリーニは『自伝』で「この二つの作は、一つはメディチ家に、一つは法王庁に蔵されてある。これらがそのまま保存されてある以上、そこはまことに世界の学校である」と絶賛した。彼らが完成して大会議室の両壁をかざった暁、天下の壮観となったであろうのに。

私は、ミュンヘンにあるアルテ-ピナコテークの第一五室を思いださないわけにゆかない。

ドイツ屈指の美術館で逸品ぞろいであるが、わけても第一五室には、ドイツ-ルネサンスの二大画家、すなわちデューラー（一四七一―一五二八）の《四人の使徒》とグリューネヴァルト（一四五五ころ―一五二八）の《聖エラスムスと聖マウリティウス》が対して陳列され、一歩足をふみいれたとたん、思わず息をのんだ。対照的な傑作をならべたミュンヘン美術館の配慮はさすがだが、それには作品の現存が前提である。レオナルドとミケランジェロの場合は、惜しんでもあまりある。レオナルドの油絵壁画の一部は一六世紀半ばまで大会議室にのこっていたけれど、会議室の改造でとりこわされた。もとの画稿も紛失した。ミケランジェロの画稿の一部は一六世紀はじめまではマントヴァにあったことがわかっているが、その後は消息不明である。

### ❖幻の名画

　このようにして《アンギアリの戦い》はついに「幻の名画」に終わったとはいえ、いかに傑作であったかはヴァザーリの叙述で明らかである。

　図中軍旗を争奪する騎馬武者の一群を描けるあり。其紛糾《ふんきゅう》せる光景を表すに着想甚だ警抜なりしかば勝れたる名作と称せられたり。人畜共に瞋恚《しんい》、忿怒《ふんぬ》、敵愾《てきがい》の情に狂いつつある状躍如たりしを以《もっ》てなり。両馬の前脚を交え搏歯《はくし》して相格する有様は鞍上の騎士が軍旗を争いて相撃つに異らず。一騎は旗竿に雙手を懸け、馬を煽《あお》り身を翻《ひるがえ》し両肩を力に腕に絡んで四人の手より強奪せむとし、二騎はさは為《さ》せじと各々《おのおの》片手に竿を握り片手に剣を揮《ふる》って之を切断せむとす。赤頭巾《ずきん》を頂きたる老巧の一武者横合より片手に竿を押え片手に半月刀を振かざして大喝一声太刀風《たちかぜ》激しく二人の小手を斬り払わむとすれば両騎は猛然歯を露《あらわ》して憤《いか》り力戦して尚も軍旗を守る。更に地上を顧みれば馬脚の間に透視画式に組打ちせる二人物を描けり。一人の武者は他の武者を地上に組敷きて及ぶ限りに片腕を振冠《ふりかぶ》り、勢込めて短剣を彼の咽喉に擬し、将《まさ》に其《その》息の根を断たむとするを彼は極力手足を踠《もが》きてひたすらに死地を脱せむと試みつつあり。馬の筋肉と運動の美の描写に於《おい》て当代無比なりしレオナルドが馬の形と線との表現に其妙技を発揮せるは勿論、彼が武人の装束《しょうぞく》を初め兜《かぶと》其他の武具の装飾に意匠の変化を示したる美観は到底之を言語に竭《つく》す可からず。

画稿がすでにこの世に存しない以上、ヴァザーリの叙述にしたがうほかないが、ここにヴァザーリのことばを裏づける作品がある。一七世紀フランドルの大画家ルーベンス（一五七五―一六四〇）の、原画稿の模写をさらに模写したと思われる《アンギアリの戦い》という銅板画だ。壮烈な軍旗争奪戦を描いているのである。ちなみにルーベンスは《キリストの洗礼》をかくに当たって、ミケランジェロの《カッシーナの戦い》からヒントをえたという。両画稿はこうして神話にさえなった。レオナルドは画稿をつくるために年代記その他の言いつたえ、戦争の経過を究明した。迫真力をもちえたはずである。

## ❖戦争の表現法

驚くべきことに、彼は戦争の描きかたを克明に記す。

戦争の表現法——第一に、馬や戦士の動きによってかきみだされ、空中で砂塵と混淆《こんこう》した砲煙を描かねばなるまい。この混合物は次のように描かるべきであろう、砂塵は、土からできていて重さをもったものであるから、その微細さのため容易に空中に舞い上がって混淆するけれども、それにもかかわらず下にもどる傾向がある。もっとも高く昇るのはもっとも微小な部分である。従ってこの部分はもっとも見えにくくて、まるで空気と同じ色に見えるであろう。埃っぽい空気と混りあった煙は、ある高さに昇れば昇るほど暗い雲のように見えるだろうし、頂上では砂塵よりも煙のほうがはっきり見えるであろう。煙はやや青味をおび、砂塵は独自の色に変わってゆくであろう。そしてこの空気と煙と砂塵の混合物は光の射し入る側ではその反対側よりずっと明るく見えるであろう。戦士たちはこの紛乱のなかにはいってゆくにつれて次第に見えにくくなり、明暗の差も次第に小さくなってゆくべきである。

古今東西に戦争を描いた画家は少なくない。しかし砂塵、空気、煙の色にまで着眼した画家がほかにいるだろうか。なお、このさい強調しておきたいのは、すばらしい文章だ。再三ひいた『手記』や『絵画論』からもうお気づきであろう。つねに論理整然、よけいな文飾はすてて簡潔そのものである。彼はみずから「文字なき人間《オモーサンツァーレッテレ》」といった。もちろん古典や学問を正規にならったのではなく、すべて独学だ。だが読書家であったことは十分に推量できる。「文字なき人間」でないどころか、ゆうに一家をなす。現代フランスの第一流の詩人評論家ポール＝ヴァレリーはレオナルドに傾倒し、著作についてこういっている。「人はまず彼が大文章家であることを発見する。のみならず、まったく独自に大文章家でさえある。なんとなれば、彼の著作は、ひとり彼のみにしかない力と、明確と、時に雅致と、時に悲壮味《パテティク》を備える」。

ここに引用した「戦争の表現法」など、たんに戦争の描きかたを説くばかりではない。もうもうたる砂塵、刻々として変わる空気の色――それから戦闘の模様が読者の眼前に浮かんでくる。マキアヴェリの「歴史そのまま」の叙述より、レオナルドの「歴史離れ」の描写のほうが、かえってアンギアリの戦いをいきいきさせるのは、おもしろい。

## ❖ミケランジェロ登場

パラッツォ＝ヴェッキオ大会議室の壁画で、レオナルドはミケランジェロと競演するはずであったが、事実はそうならなかった。ところで、レオナルドのミラノ滞在中に、フィレンツェ

ミケランジェロ

芸術界でミケランジェロが新しい時代を創造しつつあった。レオナルドとの出会いは、おそらくフィレンツェに戻って以後のことであろう。一五〇一年八月、ミケランジェロはフィレンツェ政庁と《ダヴィデ》彫刻の契約をむすび、さっそく制作をはじめた。『ダヴィデ』が完成され、これを置く場所をきめる委員会がひらかれたとき（一五〇四年一月）、レオナルドはボッティチェリやフィリッピーノらと委員会に加わった。そこでミケランジェロの実力を認識したにちがいない。

レオナルドが《アンギアリの戦い》を、ついでミケランジェロが《カッシーナの戦い》をひきうけたとき、おのずと彼らに対抗意識が生じた。このライバル意識、本人たちが感じたというより端《はた》の人々が野次馬根性からライバルに仕立てたふしがある。一六世紀のはじめにレオナルドの匿名の伝記作者がつたえた次の挿話は、たいへん有名だが、いささかできすぎているように思われる。ただ、この挿話が両芸術家の性格を浮きぼりしているとはいえよう。

ある日、レオナルドは、ガヴィニという人といっしょに銀行の建物に接している聖トリニタ寺の付近を通った。すると、ちょうどそこで数人の上流階級の人がダンテの書のある個所について議論していた。レオナルドはダンテ通《つう》とみなされていたので、彼らはレオナルドに不明の個所の説明をもとめた。たまたまミケランジェロが通りかかった。レオナルドは「ミケランジェロ君が君たちにそれを説明するだろう」と答えた。ミケランジェロは自分への侮辱と思い、憤然として言った。「あんたが説明したらいいじゃないか。もっとも、あんたはミラノ公に騎馬像を鋳造しようとしてできなかったが」。恐ろしい剣幕にレオナルドは唖然とする。伝記作者は書いている。「ミケランジェロはそれでもなお腹の虫がおさまらずに叫んだ。あんたにあんなだいそれた仕事ができると思ったミラノの奴らも大馬鹿だ！」。

　レオナルドは《ダヴィデ》をランツィの外廊《ロッジア》におく案（風化のために彫刻が傷つけられるのをおそれて外廊内におこうとした）に賛成した。争いを好まない性質から、他の委員に同調したにすぎない。ところがダヴィデ像はけっきょくミケランジェロの希望どおり政庁前におかれることになった。そういういきさつで、ミケランジェロはレオナルドがケチをつけたとでも思ったのではなかろうか。そうだとすると、ミケランジェロの了見はせまい。すでに五〇歳をこえたレオナルドは、二五歳も若いミケランジェロの言動にムキになるのは大人気《おとなげ》ないと考えたであろう。かりにライバル意識があったとすれば、ミケランジェロのほうではなかったであろうか。

　生来豪奢を好み、立派な服装をし、金に困っているくせに従者や馬を養うレオナルドにたいして、風采のあがらぬ、鼻が曲がり醜い顔をしたミケランジェロは、劣等感に似たものをもっていたかもしれない。そういう劣等感が、レオナルドにたいして少なくとも彫刻では負けないぞという優越感と表裏をなしていたのかもしれない。しかしこれらは下司《げす》の勘《かん》ぐりに類するであろう。

二人の不和がそれほど深いものであったかどうかは、ほんとうのところ、わからない。が、こうした挿話が真実味をおびるのは、さまざまな点で彼らが対照的だったからである。レオナルドがコスモポリタンなら、ミケランジェロはナショナリストだ。レオナルドは方々で仕事をしたが、ミケランジェロはほとんどフィレンツェとローマに活動をかぎられていた。レオナルドは外界に超然としたが、ミケランジェロは外界に動かされた。レオナルドの冷静に反して、ミケランジェロは多血質である。ダンテやペトラルカの詩に感激したかと思うと、サヴォナローラの説教に涙を流す。レオナルドはロレンツォ＝イル＝マニフィコとソリが合わず、むしろロドヴィコ＝イル＝モロとかチェザレ＝ボルジアのような僣主をパトロンとした。しかし執着はしない。君子の交わりは水の如しという淡泊さがある。ミケランジェロの場合はもっとねばっこい。「わたしは彫刻家のミケランジェロ＝ブナロッティだ。わたしは今日まで芸術を商売にするような画家や彫刻家ではなかった。わたしはつねにわたしの家名の名誉のために苦労してきた」と豪語しながら、少年時にはロレンツォ＝イル＝マニフィコの、壮年時には法王ユリウス二世の寵愛をえた。
どちらを好きになろうと、読者のご自由である。ただ、芸術家の根本的にちがった二つのタイプがあることは確かである。ともあれ、パラッツォ－ヴェッキオ大会議室の壁画をめぐって火花を散らしたのも束の間、ミケランジェロはローマに去り、レオナルドは間もなくミラノに去る。彼らは別々の道をゆく。

## ❖『鳥の飛翔《ひしょう》』

《アンギアリの戦い》を制作するいっぽうでレオナルドは科学研究にうつつを抜かした。こんどは、鳥の飛翔《ひしょう》、数学、解剖学、水力学などである。もちろん、きのう今日にはじまったものでなく、とくに鳥の研究は若いころからだ。一五〇五年三月から四月に、現在『鳥の飛翔について』と題されて出版されているノートが書かれた。

「私は『鳥に関する論文』を四巻に分かった。その第一巻は羽搏《はばたき》による鳥の飛翔を、第二巻は羽搏きせず風の援けをかりてする飛翔を、第三巻は鳥、蝙蝠《こうもり》、魚、動物および昆虫などのごとき飛翔一般を、最後の巻はこの運動の機構を取り扱う」と言って、それから精細な観察を述べる。

レオナルドは鳥の飛翔から飛行機の原理に相到する。

鳥は数学的法則に従って活動する器械である。人間は、鳥の運動を悉《ことごと》く具備せる器械をば製作することができる。もっともこの器械《ストルメント》はバランスを保つ能力だけは欠いているから、あんな大した性能をもってはいないが。それゆえ人間によって組立てられたこういう器械には鳥の生命《アニマ》を除いては何一つ欠けるところがないといえよう。だからこの生命は人間のそれによって代用せねばならない。鳥の肢体にひそむ生命《アニマ》が肢体の要求に従順なる点において、肢体から切り離された人間の生命に勝《すぐ》れるは疑いのないところである。とくにほとんど感知できないほどの均衡作用においてそうである。しかし鳥には数多の気のつくほどの運動の変差に対応する用意があるのを観察したら、この経験に従ってわれわれは、次のように判断を下すことができる。もっとも根本的な変化は人間の本性に理解されうるものであること、そして人間は広くあの器械、すなわち人間が自らその器械の生命となり指導者たるべき器械の破滅に備えることができるものであることを。

## ❖飛行機の考案

「人間は飛行するとき、小舟の中と同様に、平衡を保ちうるために腰から上を自由にしておらねばならぬ。そうすれば彼と器械との重心はその抵抗力の中心の変化に〔対する必要に〕応じて釣合いを取り変化することができるであろう」。

これはもう明らかに飛行機の原理である。レオナルドが考案した飛行機の型は三つある。(一)人間がうつぶせに寝ている機械、(二)人間が直立した機械、(三)一五〇五年の機械、つまり「数学的法則に従って活動する機械」である。この第三案を工夫するうち、彼は鳥のように人間が空中を飛ぶ考えは、人間の行動に均衡と安定性を保持しつつ、風の推進力に頼ろうとする考えに変わっていった。今日のグライダーである。ミラノのアンブロジアナ文庫には、こうした飛行機を構想したデッサンが保存されている。

なお当時、レオナルドが思いをひそめたものに数学がある。パドヴァの数学教授パチョーリが彼の友人であったことは前言した。『手記』に「数学的科学の一つも適応されないところには、もしくはその数学と結合されないものには、いかなる確実性もない」とか「数学者でないものには、私の原理は読めない」とか記しているところをみれば、数学研究に熱意をもっていたのは明白である。しかし数学に関しては他の科学技術におけるような独創性はとぼしいようである。

《アンギアリの戦い》に集中できなかったのは、こうした別の研究に追われていたせいだが、家族内でイザコザがおこったためでもある。父ピエロが死んで二年たった一五〇六年四月に遺産の分配が行なわれた。ところがレオナルドは分配から除外されていたので、不服として彼は訴訟をおこし、それが長引いた。異母弟が多いから、分け前はたいしたものではないが、自分の権利は守ろうとしたのである。一五〇七年に叔父フランチェスコが子なくして死んだため、またぞろ遺産相続争いがおこった。金銭に恬淡《てんたん》とばかり思われているレオナルドにして、こういう一面があるのは腑《ふ》におちない。だが遺産というものについての観念や習慣がヨーロッパ人とわれわれとではちがう以上、レオナルドに幻滅するにはおよばないであろう。けっきょくこうしたイザコザがもたらしたものは、人間嫌悪でしかなかった。訴訟事件は、レオナルドがフィレンツェを去る直前かミラノ移住直後のことである。《モナ=リザ》の制作に当たったのは、そうした煩らわしさから逃れたい一心からではなかったであろうか。

## ❖《モナ=リザ》の誕生

《モナ=リザ》はレオナルドの代表作であるばかりでなく、西洋絵画史上の最高傑作のひとつであることは、いまさらいうまでもない。《モナ=リザ》といえばレオナルド、レオナルドといえば《モナ=リザ》を連想するくらい、世界中の人が知っている。それでいて不明な点が少なくないのはふしぎなほどで、青春時代いらいの霧はまだすっかり晴れていない。まずヴァザーリのいうところをきこう。

レオナルドはまたフランチェスコ=デル=ジョコンダのために彼の夫人モナ=リザの肖像を描き初めしが苦心すること四年にして遂に未完成の儘《まま》筆を擱《お》けり。此作今は佛蘭西《フランス》王フラ

モナ=リザ

ンチェスコの蔵品としてフォンタナブレオに在り。芸術が如何《いか》なる程度迄自然を模倣し得べきかを知らむと欲する者ある時は此肖像に於て容易に之を看取することを得たり。是《これ》レオナルドの筆精緻を極め、あらゆる細部を描出して餘すところなかりしを以《もっ》てなり。瞳は光輝ありて湿潤なること全く自然を見るに異らず。周囲に赤味を帯びたる暗碧の虹彩《こうさい》と睫《まつげ》とを見るべく、睫の描写の如きは繊細無比なる筆技を有する者にあらざれば到底之を能《よ》くす可《べ》からず。眉毛に至りては写実の極致にして、レオナルドは眉毛の皮膚より生じて或《あるい》は薄く毛根の所伏に従って起伏する状を写し出せり。鼻は鼻孔淡紅色にして繊麗生けるが如く、口は軽く結ばれ朱唇両端を聠《つら》ね、顔色真に迫りて恰《あたか》も肉身に接するが如し。

更に仔細《しさい》に之を観察すれば頸窩《けいか》に脈搏の息々たるを認む。実に之あらゆる豪邁なる美術家等をして悉く戦慄畏縮せしめたる名画なり。レオナルドは又麗人モナ゠リザを描くに当り人を招きて絶えず音楽を奏し、歌謡をうたい、諧謔《かいぎゃく》を談ぜしめ、常に其心気を爽快にし肖像画に於て屡々《しばしば》見るが如き憂鬱の相を避くる手段を講じたり。故に彼の肖像画は婉然《えんぜん》たる微笑を含みて人工を離れたる入神の技を示し、実物と異らざる名作を成せるなり。

それでは、この名作のモデルとなったモナ゠リザとはどういう女性であったか。構図はどうであるか。

## ❖ジョコンダ夫人

モナ゠リザ（リザ夫人の意）は、リザ゠ディ゠アントニオ゠マリア゠ディ゠ノルド゠ジェルディーニという長い名の、ナポリの上流階級出の婦人である。フィレンツェの富裕な市民フランチェスコ゠デル゠ジョコンダの三度目の妻となった。それ以外のことはいっさいわからない。レオナルドはチェザレ゠ボルジアのもとから戻った一五〇三年はじめに、肖像画に着手した。当時、二四、五歳だったと思われる。イザベッラ゠デステの懇願に応じなかった彼が、《モナ゠リザ》をひきうけたのは何か特別の理由があったのか、夫人がレオナルドに理想の女性と映じたのか、そのへんも判明しない。ともかく《アンギアリの戦い》の合間に手を加え、ミラノにおもむくまで筆をおかなかった。それどころかフランスにも持参した。愛着のほどが知られよう。

構図はヴァザーリの記述のとおりである。二、三の注釈を加えると、黒いヴェールをかぶっているのは、夫フランチェスコとのあいだにもうけた一人娘が死んで悲歎にくれていたためだという説があるが、確かでない。上流社会の夫人はふだんこのような衣服をまとっていたのかもしれない。ヴァザーリが特記したまつげは、残念なことに、たびたびの洗滌《せんじょう》で今はみられない。眉毛がないのは、当時の婦人は眉毛をぬく慣わしで、そのために額が広くなる。広い額は美貌のしるしなのであった。

手の習作

姿勢はどうか。レオナルドはモナ＝リザを横向きに坐らせ、上体をなかば回転させて顔を正面にして描いている。こういう姿勢は当世風であって、上品であるためにはまっすぐな姿勢をとることが必要とされた。胸部だけでなくて、ほぼ四分の三の像の大きさだから、姿勢がことさらよくわかる。両手をかさねているが、この手に成熟した女性の官能美がにじみ出ている。レオナルドをたんに精神的な画家とみるのは誤りである。しかし同時に手が微妙に性格をあらわしている。彼が再三再四こころみたところだ。この像が一〇〇パーセントの完成品でないことは、右手をみれば明らかになる。

こうした顔や姿勢にいっそう神秘感を与えるのが背景である。《岩窟の聖母》いらい見なれたはずだが、ここではレオナルドの特徴をもっとも発揮した。左右の二本の円柱にかこまれた胸壁から大きくひろがり、風景の色は遠くになるにつれて褐色から青味がかったみどりの流れや湖に変化ししてゆく。そしてついにのこぎり状の連山となり、青い空に終わる。絵画用語でいう「スフマート」(ぼかし)がえもいわれぬ効果をあげている。クラークのごときは、中国の山水画に通じるという。そういわれてみれば、たしかにこれは東洋的な情趣である。

## ❖モナ=リザの微笑

けっきょく、この肖像画ではすべてが中央のモナ=リザの微笑に集中するといってよい。そのことは、だれでも認めるであろう。たとえばヴェルフリンはいう。〈モナ=リザ〉の顔の上を過ぎゆくものもまた微笑であるが、しかしただまったくかすかな微笑である。それは口元にあり、またほとんど気づかれないほどわずかに相貌がずれている。水の上を掠《かす》める微笑のように、この顔の柔らかい表面の上には一つの動きがある。光と影との戯《たわむ》れ、飽きもせずに耳が傾けられるひそやかな対話が生ずる。〈彼女は甘い微笑に輝いた〉とポリツィアーノはかつていっている。

モナ＝リザの微笑に注意しない人はいないけれど、微笑が何を表わそうとしているのか、その解釈は古来さまざまである。そうした解釈史を跡づけるかわりに、ドヴォルシャックの説を次に紹介したい。ドヴォルシャックは精神史的方法を駆使することによって美術史学に独自な領域を開拓した人である。ドヴォルシャックの説であって、読者が《モナ＝リザ》に面接してどのような感想をもとうと自由だ。もちろん一つの説であって、クラークもいうように、《モナ＝リザ》はあらゆる世代が新たに解釈しなければならぬ芸術品にぞくするのだから。

この女性の誘惑的な微笑は、人を惹《ひ》きつけるとともに反撥を感じさせ、女心の底知れぬ深さを表わし、猫に似た性質で、また毒を盛りかねない女の輩《やから》であり、しかも同時に媚《こ》びるように優しく且《か》つ魅惑的である。——こういう女性の肖像を、人々はこの画の中に見た。物語《ロマンス》はすべてこの微笑の上にうち立てられている。しかしそれはまったく評論家の空想であって、レオナルドの真意は、そういう精神病理的な解釈からははるかに遠い。

まずわれわれは、この女の精神的表情のどれだけがモデル自身の個性にぞくするかと問うてみなければならない。身体容姿においては、個性的写実は一般的な類型のために、たしかにいちじるしく変形されている。この一般的な類型は、種々の変形はあるがレオナルドのすべての婦人像に現われていたものであり、さらにさかのぼれば、これをヴェロッキョの塾にまで辿《たど》ることができる。しかしこのような一般的な類型は、レオナルドの自然主義について上述したこと、つまり芸術は自然の多様性を表現しなければならないという彼の要求と矛盾しないであろうか。たしかにある程度はそのとおりであるが、この矛盾は彼の芸術のすべてのなかにひそんでいたものである。……ここでも、任意に取ったフィレンツェの一婦人を忠実に写生して肖像を描くことが主眼ではなく、この課題の解決には、さらに女性の美と優雅の一定類型を加えるべきものとされた。この場合、画家はモンナ＝リーサという婦人が彼のいだいている類型の観念にじっさいに近かったために彼女の肖像を描いたのか、それともレオナルドは彼女の特徴をかってに描き変えて理想化したのか、という問題はわれわれは等閑に付してよい。

だから、この肖像画のなかに心理的な見方をもちこむことは、まったく誤りであり、そういう微妙な見方はようやく一九世紀に生まれるものであるけれども、しかしこの画においてて身体と精神との関係がどのように捉えられているかという点では、いちじるしい進歩がある。……すなわち単純なモデル描写に見る生気の乏《とぼ》しさを、精神の生動によってやわらげることであった。その手段は、一定の性格特徴ではなく、心理の動きであり、魂の脱け殻ではなく、魂に満ちた形体であった。それには、束の間の優しい微笑のような、顔面にうかぶ刹那《せつな》的な表情を描くことが最適と思われた。……「モンナ＝リーサ」では、その笑いはまったく心からの自然な笑いである。

この微笑は人間の顔の表面からその固さを除き、これを、若い女心を充たしているあの、ゆらめく、そこはかとない振動を表わすものに変えた。この微笑がどんな内容を表わしているのか、われわれは知らない、と率直に語った著述家のことばは正しい。またある著述家はそれを、微風によって波立たされるさざ波に喩《たと》えたことがある。それは明らかに、自然な心の動きをいっさいの倫理的背景からひき離して描いた最初の試みの一つである。それによってレオナルドは、顔に生動を与えることに成功した。この画に比べると、従来のすべての肖像画は、まるで木乃伊《みいら》のような感じをうける。

## ❖会心の作

いずれにせよ《モナ＝リザ》がレオナルドの創作の頂点をなし、ゴシック初期以来三〇〇年にわたって西欧の芸術発展の核心に立っていた諸問題を解決する路線における最高業績であったことは、何人もみとめるであろう。それは正真正銘、レオナルドの作である。完成作ではなかったにしろ、会心の作であった。だからこそ彼は最後まで手離そうとしなかったのである。この絵はフランスのフランソア一世が直接にレオナルドから買いあげ、以後フランスの所有となった。しかし保存状態は早くからよくなかった。たびたびの洗滌や修理で亀裂が生じ、原作の繊細な描写を消してしまった。それでも《最後の晩餐》のような悲惨な運命をたどらずにすんだのは幸いである。

名画には信じがたいようなできごとがおこるものだ。たとえば、厳重な監視にもかかわらず盗難にかかる。ヴィンツェンツォ＝ペルジアというイタリア人のガラス職人——盗難事件がなければ、こんな男の名前などつたわらないのだが——が、一九一一年八月にルーヴル美術館の壁からマンマと《モナ＝リザ》を外しとった。両端が一〇センチほど短くされたのはそのためである。この男は二年間パリの住家の屋根の下に隠していた。一九一三年にフィレンツェに運び、商人に売ろうとしたところを御用となった。裁判のとき、彼は言った。「俺《おれ》の唯一の願いは、この傑作をふたたび故郷にもってくることだった！」。ぬすっと猛々《たけだけ》しとはこのことだが、心根はふびんである。絵はフランス政府にひきわたされ、今もルーヴルで訪問者になぞの微笑を投げかけている。

### ❖故郷喪失者

このようにみてくると、第二フィレンツェ時代（一五〇〇—一五〇六年前半）は、きわめて豊《ほう》饒《じょう》であった。が、あくまで研究や制作の面においてであって、公私の生活ではいたずらに煩わしく、恵まれるところが少なかった。フィレンツェには彼をつなぎとめるものがなかった。一五〇六年六月、レオナルドはかつてそうしたように飄然《ひょうぜん》とフィレンツェを去ってミラノにゆく。ついに「故郷喪失者」となった。しかも三度フィレンツエに、ローマに、フランスに転々とする、己れの高貴な宿命を愛するかのように。

## 生々流転

### ❖ミラノ移住

レオナルドには、ぜひともミラノにゆかねばならない理由はなかった。強いてあげれば、フィレンツェにおける日々の煩わしさだ。しかしもとはといえば、依頼された《アンギアリの戦い》を途中でほうりだしたり、異母弟相手にめんどうな訴訟沙汰をおこしたためで、いうなれば身からでたさびなのである。そんなとき、一五〇六年五月に、ミラノを占領中のフランス総督シャルル＝ダンボアーズ（一五一一没）からミラノへくるよう勧誘があった。一八年にわたるミラノ時代はまだ記憶に新しい。心機一転をはかるために勧めに応じることとし、フィレンツェ政府から賜暇をえた。期間は三か月、違反した場合は一五〇グルデンの罰金を払う条件づきである。

そのころフランス王ルイ一二世は、戦勝将軍ジャン＝ジャコモ＝トリヴルチオ——彼はシャルル＝ダンボアーズが死んでからガストン＝ドゥ＝フォア（一四八九―一五一二）将軍とともにミラノを統治した――のための騎馬記念像をたてる意図をもっていた。その制作にはレオナルドにまさる適任者はいない。不幸にしてスフォルツァ像は実現しなかった。そこで彼は記念像の計画（一五一一―一二）をはじめ、デッサンをかいたが、とうとう計画だけにとどまった。ミラノはわりに住心地がよかった。フランス王は厚遇してくれた。ロドヴィコから贈られたぶどう園をとり返し、水利権や俸給を与えた。それらにたいする代償としてレオナルドにもとめるところはなかった。こうして彼は、フランス王室付きの画家ならびに建築技師となったのである。

トリヴルチオ騎馬像習作

だが、ミラノに腰をおちつけると、《アンギアリの戦い》の完成というフィレンツェ政府との約束を反古《ほご》にしなければならないから、ミラノ総督は賜暇期間の延期をフィレンツェ政府に何度も申しでた。とどのつまり、一五〇七年一月にルイ一二世の親書をもって、レオナルドのミラノ滞留がみとめられた。そのかわり、フィレンツェに預金していた金は違約の罰金にとりあげられた。これでフィレンツェ政府との悶着《もんちゃく》は片がついた。つかないのは訴訟事件である。同じころ、異母弟との訴訟がつづき、彼を悩ませた。一五〇七年九月一八日付の次の手紙は、このことを示している。いつも泰然自若とした彼がヤキモキしている様子がわかる。フェラーラの枢機官イポリット=デステにあてたもので、この人はフィレンツェ政府首班ソデリーニの長官ラファエルロ=イエロニモと親交があった。

至高至尊の猊下《げいか》。小生儀二、三日前ミラノにまいりました。そして愚弟のなかの年長の一人がわれわれの父のなくなった三年前に作製致した遺言を守ろうとしないのを知りました。理は小生のほうにありますものの、それでも〔事件の解決に〕すこぶる有効だと思う点〔道徳的価値〕に欠くるところのないよう、小生、ラファエルロ=イエロニモ閣下への紹介状と御贔屓《ごひいき》をおねがいするために猊下におすがりしないわけにゆきませんでした。ラファエルロ様は現在、小生の訴訟が行なわれるわが優秀なる最高政務委員会《シニョーリア》の一員でございますが、とくに〔この件は〕旗手閣下より上記ラファエルロ様に委嘱されています。委員会はこの件を万聖節までに決裁終結することになっておるのでございます。

それゆえ、猊下よ、上に述べたラファエルロ様に、なるべく巧妙かつ感情をこめて、一筆認《したた》められ、自称するごとく猊下のもっとも卑《いや》しき僕《しもべ》であり、かつ、つねにしかあらんことをねがうレオナルド＝ヴィンチを御紹介下さいませ。そしてあのかたを督促あそばされて、公平なる裁きを下されるのみならず、厚意ある執行をして下さるようおすすめ下さいませんでしょうか。さまざまな点から申して、ラファエルロ様は猊下と御昵懇の間柄でございますれば、万事小生の意のままに成ること、いささかも疑いませぬ。これすべて以上おねがい申し上げた猊下の御一筆にまつものでございます。

審理が長びき、やむなく彼はミラノとフィレンツェを往復し、両方に仕事をもたざるをえない羽目となった。しかしこれほど大さわぎした訴訟が、いつ、どういう結果になったかは知られていない。こうした右往左往のありさまであったから、第二ミラノ時代（一五〇六―一四）は、もはや《アンギアリの戦い》とか《モナ＝リザ》のような大作はのこしていない。水流の研究を行なったり、現在ロンドンの国立絵画館にある《岩窟の聖母》をかいたり、解剖学に従事した。ここでレオナルドの解剖学研究を簡単にまとめておこう。

## ❖レオナルドの解剖学研究

彼が解剖学に興味をもったのはヴェロッキョの工房にいた時分からであるが、第一ミラノ時代にかなり研究が進み、たくさんスケッチをのこした。絵画の前提をとおりこして、解剖学そのものが課題となったのである。そしていつもの凝《こ》り性から、より正確に、より豊かに訂正加

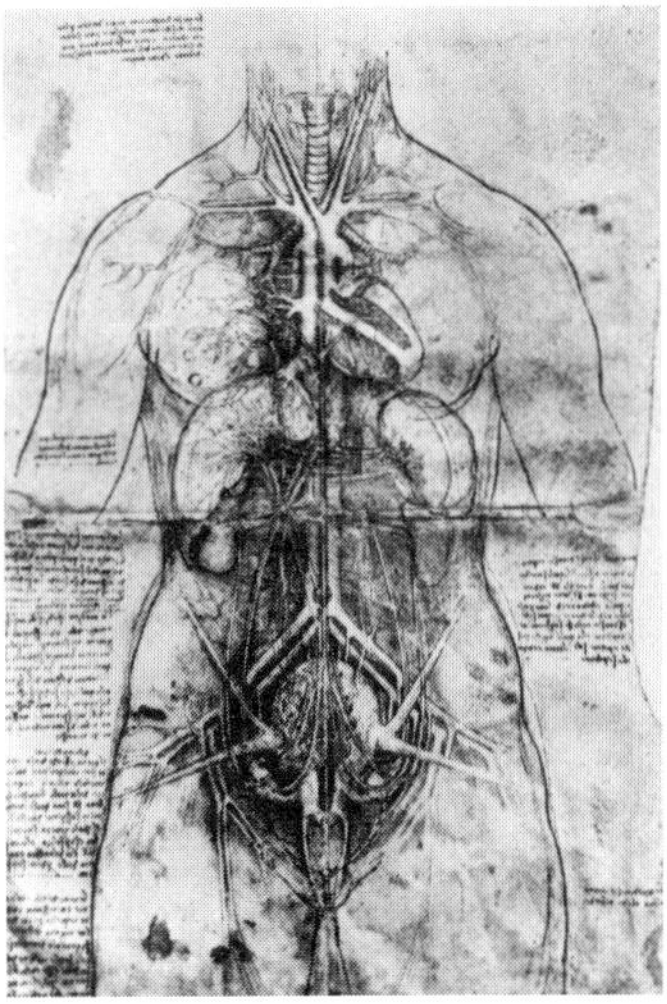

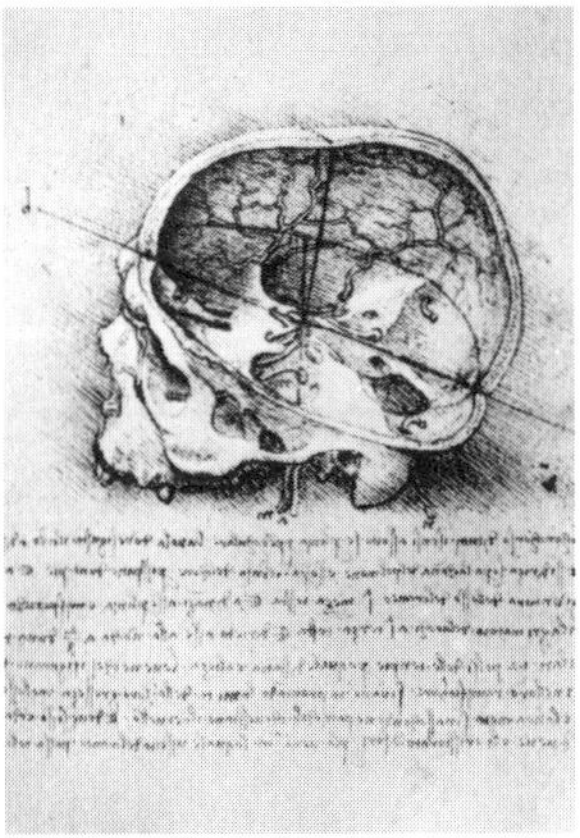

ダ＝ヴィンチの解剖図
頭がい骨（上）
人体（左）

筆していった。一四八九年には頭蓋骨についての研究を行ない、九〇年代には循環系の図や縦断面による男女性交図までかいた。《最後の晩餐》制作で一時中断した。一四九九年の末にヴェネツィアや北イタリアを旅行したとき、パドヴァの著名な解剖学者アレクサンドロ＝ベネデッティ（一四六六―一五二五）と知り合って啓発された。一五〇三年春にフィレンツェに戻ると、《アンギアリの戦い》や《モナ＝リザ》に着手する一方で解剖学研究を再開した。こんどは、サンタ＝マリア＝ヌボア病院を利用して老人の死体を解剖し、老人の血管、動脈硬化、肝臓の硬化について克明なノートを書いた。こうした解剖図やノートで、レオナルドが当時、内臓器官、筋肉、血管、神経に関して幅広い研究を行なっていたことがわかる。解剖学の著書を出すことも考えていたらしい。

　第二ミラノ時代はフランス王の保護で生活がおちついたので、水力学とならんで解剖学の研究に打ちこんだ。またミラノの解剖学教授マルカントニオ＝デㇽラ＝トㇽレに会って教えをうけた。この期には、骨と筋肉との運動、胸と胴の器官、心臓および血流、発生などの研究が中心課題となった。発生の研究のうちでもっとも知られているのは、一五〇八年ごろにかかれた女子解剖図で、子宮内の胎児をこまかに観察している。「この著作は人間の妊娠をもって始まらねばならぬ。そして

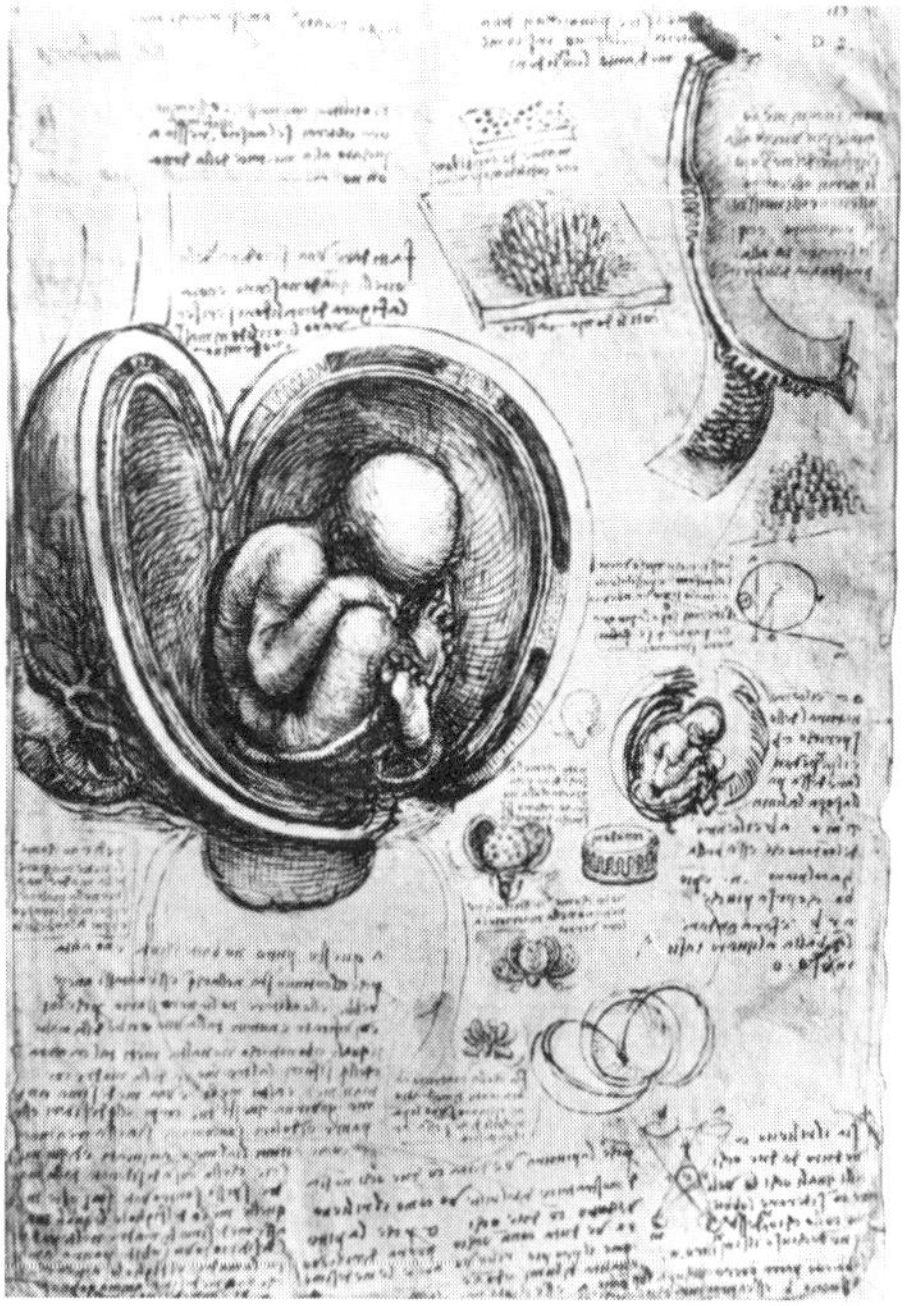
ダ＝ヴィンチの解剖図　胎児

子宮の様子、胎児がどのように住まっているか、どのような順序でかれはその中に入りこむか、うごめいたり栄養をとる方法、その成長、成長の一段階から次の段階にまでどれだけの間隔があるか、何ものがかれを母体の外へ押し出すか、どういう理由で往々かれは適当な時に先立って母胎から出てしまうかを述べなくてはならぬ」。現代の医学からみても、おどろくべき先見の明ではないだろうか。

このように老年におよんで研究心はますます旺盛となった。ところがレオナルドが

ローマに滞在中、一五一三年に、ある男の中傷で法王レオ一〇世のご機嫌を損じ、一五一五年にサント-スピリット病院で解剖学を研究する権利を剝奪《はくだつ》された。これで彼の研究は終止符をうつ。『手記』で「解剖学を妨害し中断させた学生どもに対してぜひとも弾劾《だんがい》論を書くこと」としるしているのは、トルレの解剖学講義をやめさせたパヴィア大学の学生たちにたいする憤慨にかこつけて、自己の憤懣《ふんまん》をぶちまけたい気持ちがあったのであろう。

## ❖《レダ》の意味

第二ミラノ時代にレオナルドが《レダ》を描いたことは、特筆に値いする。原画稿は失われ、今は諸種の模写がのこっているにすぎない。制作をフィレンツェ時代ともローマ時代ともいい、一定しない。が、自身のデッサンや手記から推して、描いたという事実は動かせない。肖像画のほかはほとんど宗教画をかいた彼が、どうして《レダ》のようなものをかいたのだろうか。

ギリシア神話によれば、レダはテスティウスの娘、ティンダレウスの妻であった。ゼウスは地上の美女をみると、万能の力でみずから変形し、美女が油断したところへ近づいて神の子を生ませる。レダが水浴していたときゼウスは白鳥に姿を変えて近づき、子を生ませた。このようなレダ神話は、美術の題材としては相当に露骨なものであって、大きな白鳥が媚態をして裸女にまつわる光景は性的ですらある。じじつ、古代ではそうしたエロティックな絵や彫刻が多かった。ルネサンス美術もその系統をひいて、やはり猥《みだ》らなものだったのである。したがってレオナルドが、みずから進んでこういう異教的な絵をかいたはずはない。おそらくだれかの委嘱によるのであろう。が、かく以上は何か意味がなければならない。彼は古来の習慣に反して、エロティックなレダではなくて、女性のもつ羞恥心の表現としてこれをかいたのである。次の『絵画論』中のことばがこの点を示唆する。

「女はあまり開いた姿勢は避けねばならぬ。両脚を合わせ、腕をくみちぢめ、頭部は下に向いて伏し眼に、かつ一方に少し傾いた、つつましやかな姿勢において表わされなければならぬ」。解剖学研究で女体のすみずみまで知り、自然を尊んだレオナルドであってみれば、女体美には十分に通暁《つうぎょう》していた。しかも彼は女性における羞恥とつつしみを重くみた。これはもう明らかに精神の問題だ。精神の美を欠くならば女体は一個

レダ模写

の肉塊にすぎない。

矢代幸雄先生にレダを論じた卓論がある。「レオナルドは非常に敏感なる、或《あるい》いはその点においては病的に敏感であったと思わるるほど、官能性の強い芸術家であった。然《しか》しながら、彼の性格における世にも稀なる特色は、この怖るべき官能性を奥に湛《たた》えながら、それを覆うて、その上に、冷静厳粛なる理性の支配を確立して、意識的には、断然、官能性の奔出を禁絶している点にある」。クラークも同じ意見である。レダ神話ほど異教的なものはない。しかるにレオナルドはルネサンスの芸術家のうちでもっとも異教的ならぬ芸術家だ。とすれば、レダ神話はコレッジオ（一四八九ころ―一五三四）と同じようなものを意味するはずはなかった。つまり、官能的なエクスタシーのようなものを。そうではなくて、彼は自然の創造的過程との類似をみた。《レダ》は創造の女性的光景を象徴化しているのである。ここでも精神的なものが官能的なものを制御している。レオナルドは《レダ》のような一見彼の本質に異質的と思われる作品においてさえ、レオナルド的なものを発揮したのだった。

## ❖ローマでのレオナルド

そうこうするうち、ミラノはふたたび騒然としてきた。というのは、一五一一年に法王ユリウス二世が、ヴェネツィアおよびスペインと神聖同盟をむすび、フランス勢力をイタリアから駆逐《くちく》しようとした。そして翌一五一二年にルイ一二世はミラノを放棄することを余儀なくされ、神聖同盟の後援でロドヴィコ＝イル＝モロの子マッシミリアーノが一二月にミラノにはいった。しかし彼の政権は二年とつづかなかった。こうした情勢ではミラノは住みよい場所でなくなったので、レオナルドは意を決してミラノを去ることにしたのである。一五一三年九月二四日、フランチェスコ＝メルツィやサライなど数人と、フィレンツェをへてローマにむかった。フィレンツェでは前年にメディチ家が復帰してソデリーニ共和政府が倒れ、マキアヴェリは運命をともにした。政情不安なフィレンツェはとうてい安住の地たりえない。こうして一行は一五一三年末にローマについた。同行したメルツィは、レオナルドが第一ミラノ時代に親しく交際したメルツィ家の子で、第二ミラノ時代には一六、七歳になっていた。美青年であるうえに怜悧《れいり》だったので、レオナルドのお気に入りとなった。サライは小銭をくすねた憎めない従僕だ。ローマでの新しいパトロンは、法王レオ一〇世の弟ジュリアーノ＝デ＝メディチ（一四七九―一五一六）だった。ヴァティカン内のベルヴェデーレに寄寓し、ジュリアーノから月額三三ドゥカートの俸給をもらった。それでメルツィ、

サライ肖像

サライ、ロレンツォという名の労働者、ドイツ人の機械工と職人二名を食わせなければならないのだから、暮らしはあい変わらず楽でない。

ローマ滞在中の行状について、ヴァザーリがこう述べている。

彼羅馬《ローマ》に在りし時、散策の途上蠟《ろう》を練りて軟にし極めて薄皮にして空虚なる動物の形を作れり。之を吹けば乃《すなわ》ち空中を飛翔し、気勢竭《つ》くれば乃ち地下に落下せり。ベルヴェデーレの葡萄作りが奇怪なる蜥蜴《とかげ》を発見せし時レオナルド之に別の蜥蜴の皮を剝ぎて作れる翼に水銀の混和物を満《みた》したるものを附けしに匍行《ほこう》する毎《ごと》に動揺戦慄せり。更に眼、角、鬚《ひげ》等を加え飼馴して小筒に蔵め之を諸友に示したるに皆驚懼《きょうく》して遁走せりという。彼は又屢々《しばしば》羯《かつ》羊《よう》（去勢した羊）の腸を精製して悉《ことごと》く脂肪を去らしめ遂に其薄くして能《よ》く掌中に収むべきものとなれる時、隣室に鍛工の鞴《ふいご》一対を据え、之に其腸の一端を着け吹き脹らませて広大なる室内に充満せしめたり。之が為に偶々《たまたま》其室内に在りし者は一隅に退避せざるを得ざりき。彼は此菲薄《ひはく》にして空虚なる羊腸の初めは僅少なる空間を領するに過ぎざりしに遂には広大なる空間を占むるに至れるを示して之を才能の発展に比したるなり。彼は此種の諧謔《かいぎゃく》を弄《ろう》せしこと頗《すこぶ》る多かりき。

レオナルドと玩具とは妙な取りあわせだが、じつは彼はおもちゃ好きで、珍しい玩具を工夫してはひとの意表をついた。廷臣のおもねりとか余技とみるのは当たらない。やはり探求心のあらわれなのだ。そのほか、ジュリアーノが化学に興味をもっていたところから、ベルヴェデーレ内に研究所をたてて化学の実験を行なった。ロレンツォ＝イル＝マニフィコからあまり酬いられなかったレオナルドは、その子から酬いられたわけだ。

当時のローマはフィレンツェを完全に圧倒するルネサンス美術の中心であった。奇《く》しくもここに三大芸術家が集まった。レオナルド、ミケランジェロ、ラファエロである。ミケランジェロは一五〇八年に法王ユリウス二世からシスティーナ礼拝堂の天井画の制作を命じられ、あの《最後の審判》を一五一二年に完成した。ラファエロは同じくユリウス二世からヴァティカン宮殿内の法王署名の間の壁画の制作を命じられて仕事をはじめた。そのほかブラマンテ、フラ＝ジョコンド（一四三三ころ—一五一五）、ジュリアーノ＝ダ＝サンガロ（一四四五—一五一六）、ペルッツィ（一四八一—一五三六）、シニョレリ（一四四一ころ—一五二三）、ソドマ（一四七七—一五四九）といった、錚々《そうそう》たる顔ぶれである。

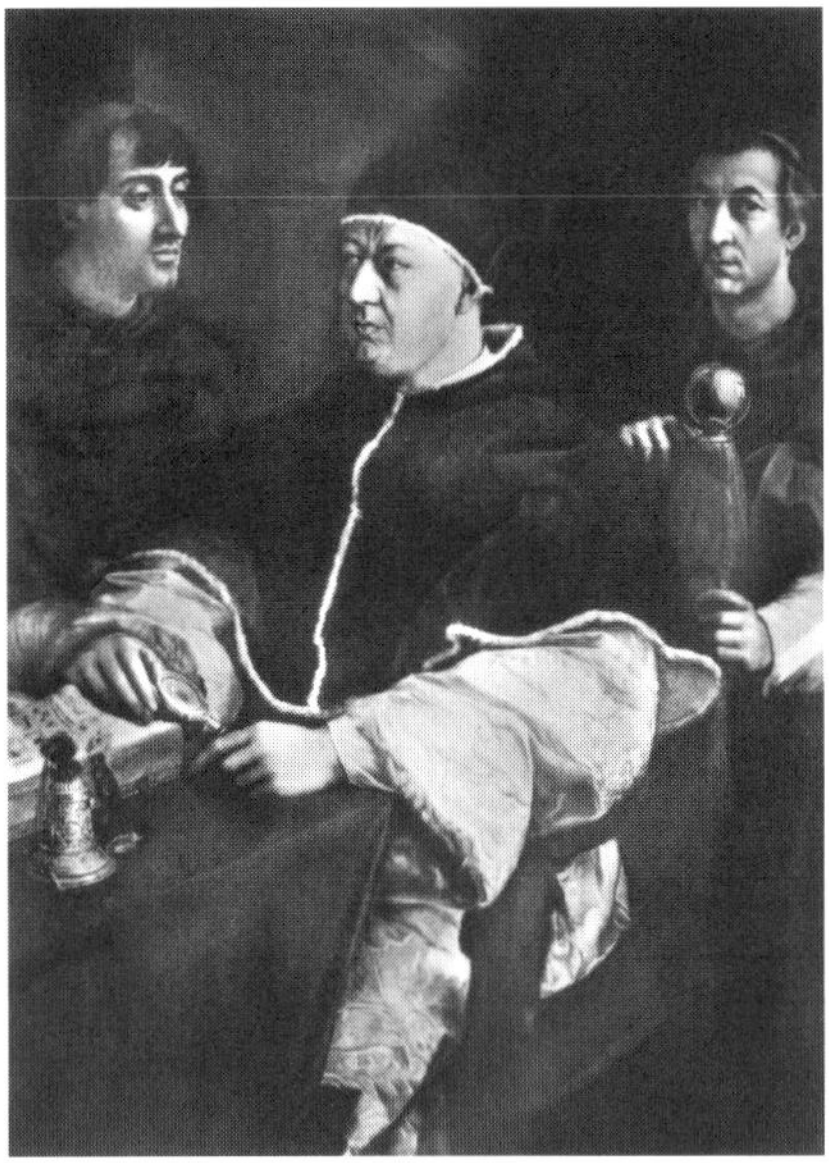

レオ10世

ユリウス二世のあとに立った法王レオ一〇世がまた、メディチ家出身だけあって、やることが万事派手だ。聖ピエトロ寺院建立資金をうるために、いわゆる免罪符を大々的に売り出した。数年後（一五一七年）ドイツ宗教改革の発端をなすことは、あまねく人の知るところであろう。あるとき、法王はレオナルドに一枚の絵を注文した。ところが彼は、仕事にかかる前に、ニスをつくるために油と薬草を混ぜた。このことをきいた法王は叫んだ。

「この男は何事も成就《じょうじゅ》しないであろう。なぜなら、かれは制作を開始する前に終わりのことを考えはじめている」。レオナルドはもうこんりんざい法王の依頼に応じようとしなかった。

## ❖ローマを去る

このように、レオナルドは三年間のローマ時代に芸術上の仕事はしていない。ローマは多くの芸術家に何ものかを与えたのに、レオナルドには何も与えなかった。ルネサンス芸術界の最高峰に立った彼には、与えるものこそあれ、与えられるものはなかった。彼は黙々として植物の研究にふけり、多くのデッサンをかく。ローマにおけるレオナルドの姿はいよいよ孤高に見える。もともとローマには来たくて来たのではない。パトロンのジュリアーノが一五一六年三月に病死したことは、なおさらローマへの未練をすてさせた。制作委嘱の見込みもなかった。ローマにくらべたら、ミラノのほうがましだ。いや、異郷フランスがずっと勝る。それといううのも、前年の一五一五年一月にルイ一二世が没してフランソア一世が登極していた。王は芸術愛好家の評判がたかく、じっさいフランス-ルネサンスの保護者となる。フランスは強大国である。その王に彼が望みをかけたのは無理がなかったし、王は期待にこたえた。

一五一六年の秋ごろ、レオナルドはフランソアの招きをいれて弟子メルツィと下僕バッティスタ＝デ＝ヴィランスをつれてアルプスをこえ、ジュネーブをへてフランスにむかう。おそらく途中でフィレンツェにとわの別れをつげたであろう。生々流転、故郷なき人レオナルドが終焉《しゅうえん》の地とさだめるのは遠きフランスである。

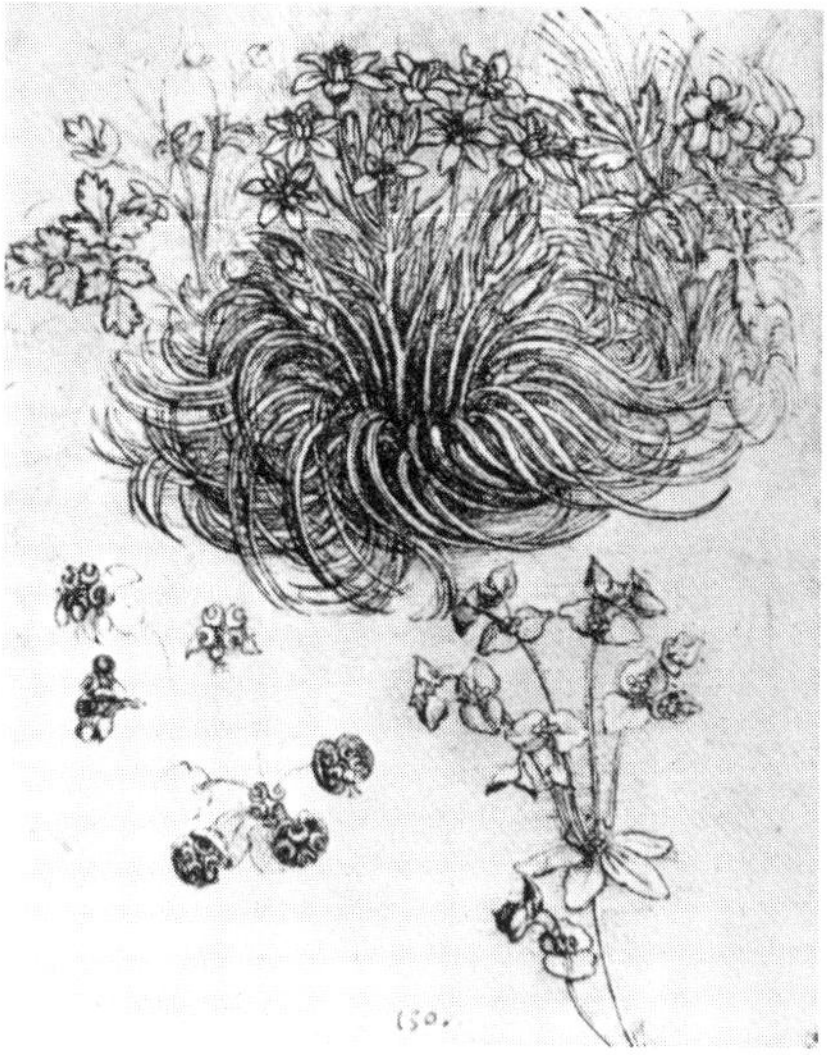

植物スケッチ

## ❖アンボアーズにて

「一五一七年五月キリスト昇天祭の日、アムボアーズ、クルー城にて」と『手記』に記されているから、そのころレオナルドがアンボアーズ郊外のクルー城にいたことは確実である。フランソア一世がしばしば滞在したところで、これを彼に賜ったのだ。フランソアが彼を尊敬し、至れりつくせりの待遇をした次第は、チェ

フランソア1世

リーニの『自伝』に見える。チェリーニの記すところによれば、レオナルドはギリシア・ラテンの古典に通じていたので、王は彼と会談しない日はまれであった。そのため彼は多年来の研究を整理する暇がなかったという。あるとき王は、フェラーラの枢機卿、ローランの枢機卿、ナヴァラ王を前にして、チェリーニにむかってレオナルドを激賞してやまなかった。絵画、彫刻、建築の三芸術はもとより、哲学の蘊奥《うんのう》を究めたレオナルドのごときは真に古今未曾有《みぞう》だといった。寛宏な王は、もうレオナルドから性急な芸術的奉仕をもとめず、建築計画などで助言をもとめるだけだった。フランスへつれてきたことで十分に満足と幸福感を味わったのである。

アンボアーズ時代の記録は乏しい。それだけに、一五一七年一〇月一〇日に、ナポリ王の異母弟（アンゴラ公）、枢機官ルイジ＝グラゴーナの一行が北欧旅行の道すがらクルー城にレオナルドを訪問したさい、枢機卿の秘書がその模様をつたえた記録は、貴重である。それによると、

老いたるレオナルド

レオナルドは枢機卿に三幅の絵を示した。ひとつはフィレンツェの一婦人の肖像すなわち《モナ=リザ》、ふたつは《聖ヨハネ洗礼者》——一五一五年ころにかかれた。あまり普及していない作品だが、ヨハネの微笑や姿態は晩年の作であることを記している——、三つは《聖アンナ》で、これらは完璧に仕上げられていたということである。現在はすべてルーヴルにある。また彼は厖大な手記（『コデックス-アトランティクス』）を呈示した。それには解剖学、水力学、機械その他についてのデッサンや文字がギッシリつまっていた。なお、秘書はレオナルドの右腕が麻痺していたことや、ミラノ生まれの勤勉忠実な弟子メルツィのことも記している。

一五一九年四月二三日にレオナルドは遺言状を作製した。「アムボアーズ郊外クルーと称する地に現住する王室画家レオナルド=ダ=ヴィンチは、死のたしかなことと死ぬ時日のふたしかなことをつらつら考えて、上記法廷にて立会人としてのわれわれの前で、かれの遺言状を作成し最後の意志の表明を次のようになしたことをみとめかつ声明したこと」として、長文にわたって葬式の次第を述べ、「前記の遺言人は、ミラノ生まれの紳士フランチェスコ＝ダ＝メルツィには、過去を通じて遺言人にたいしてなされた忠勤と厚意の報酬として、上記遺言人の現在所有せる書籍全部その他かれの芸術および画家の仕事に属する道具および肖像画類をば、贈与し譲渡する。同じく、ミラノの城壁外に所有する一庭園の半分すなわち小さいほうをば、召使バッティスタ＝デ＝ヴィラニスに、同庭園の他の半分をば召使サライに爾今《じこん》永久に贈与し譲渡する」と記し、そのほか貧民への施物、財産上の処分などをこまごまと定めた。かつて骨肉の争いをつづけた異母弟にたいしても、フィレンツェにのこしてきた金を分与した。死の近きをさとっての処置である。

聖ヨハネ

### ❖終　焉

この遺言状をつくって数日後、一五一九年五月二日、帰らぬ人となった。享年六七歳。彼の

アンボアーズクルー城

死には伝説がつくられた。ヴァザーリはこう書いた。

遂に彼齢《よわい》傾きて病むこと数月、死の近きを自覚し熱心に公教の事を尋ね、我等の善美にして神聖なる基督教の教義を聞かむことを希《ねが》い、やがて涙を流して懺悔《ざんげ》を行ない、痛悔を起こし、既《すで》に自ら立つ能《あた》わざりしも友人従者の腕に助けられて病牀を出でて秘蹟を享《う》けたり。王は平生屢々《しばしば》懇《ねんごろ》に彼を訪うを常とせしが、此時期せずして臨御せしかば彼大いに恐懼《きょうく》し、牀上に身を起こして正座し、彼の病苦を告げ、其発作を語り、且《か》つ彼が芸術上己の使命を果たさずして神と人類とを蔑《ないがし》ろにせし罪を述べたり。之が為に更に死の前駆ともいうべき激しき熱の発作あり。王乃《すなわ》ち起《た》ちて頭を支えて彼を助け、殊遇を与えて苦痛を軽からしめむとせり。レオナルド無上の光栄を感じ、王の腕に抱かれし儘《まま》其英魂を天に委《ゆだ》ねたり。行年七十有五歳なりき。

劇的な最期であるが、ヴァザーリの「歴史離れ」であって、ありていにいうと、フランソア一世は、五月一日はその第二王子の誕生を祝うために、アレー河畔のサン-ジェルマンにいた。翌日にアンボアーズにいることは時間的に不可能である。行年七十五歳というのも、むろん誤りだ。臨終の席にいたのはメルツィで、彼の知らせで王は深く歎き悲しんだ。メルツィはまた六月一日に異母弟ジュリアーノ＝ダ＝ヴィンチへ、レオナルドの死を報じた。

この逝去が私に加えた悲しみを言葉に表わすことは私にはできません。そして私の五体がつながっている間は、けっして終わることのない絶望の気持ちをもちつづけるでしょう。ことにそれはまったく当然のことです。なぜなら、彼は毎日私に心からの、そして熱烈な愛を表わされたからです。だれも、自然の力ではもはや創造することができないかかる人の死を恐怖とともに感じております。いざ全能の神が永遠の安息を彼に下したまわらんことをお祈りします。彼は五月二日に、聖母教会のあらゆる指図とともに十分に用意されて、他界されました。

## ❖永遠のなぞ

レオナルドはたえ間なく仕事をした。しかも前人未到の領域のものばかりだ。完成した作品はきわめて少ない。ヴァザーリはこのような未完成を気まぐれのせいにした。これにたいして現代ドイツの実存主義哲学者ヤスパースは反論する。レオナルドが気まぐれであったから精力を分散したという非難は、彼の実際の仕事の執拗さと、その偉大な綿密さと矛盾する。にもかかわらず彼が放漫だったとするなら、それはこういうことである。すなわち、彼は、ある課題を一時的に放棄はしたけれど、その課題と関連をもつほかの課題ととり組まねばならなかった。

つまり、そこでは、いっさいがそれに奉仕せねばならぬ全体が問題とされたからであり、その

大洪水（上）、世界の破滅（下）

ような全体は、人間的生命のなかにはいりこまされている尺度をもってしては測りしれないほど、巨大なものであった。レオナルドはこうしてどの専門にも満足しなかった。なぜなら、彼の場合は、世界全体が問題だったからだ。ヤスパースのいうとおりかもしれない。そうでないかもしれない。レオナルドの未完成は依然としてなぞである。

とまれ、レオナルドは帰らぬ人となった。「立派に費やされた一生は長い」とか「あたかもよくすごした一日が安らかな眠りを与えるように、よく用いられた一生は安らかな死を与える」と『手記』に書いている。はたして彼の死は安らかであったろうか。生死の境でまぶたに浮かんだのは、アルバノ山の西側丘陵の上に保砦や白壁の家々とともに、くらい灌木の森にそびえるヴィンチ村の自然であったろうか。もしそうなら、死は安らかであったろう。だがヴァザーリが記すように「芸術上己の使命を果たさずして神と人類とを蔑ろにせし罪を述べた」のなら、悔恨に責められたであろう。あるいは、晩年に一種黙示録的な世界の破滅を描き、あらしや洪水《こうずい》や雲や竜巻の図をのこしたことは、何か不吉なものを連想させる。じっさい、彼が大洪水について述べた文章やデッサンはすさまじい。そうしたとき、レオナルドの心は不安定の極にいたかもしれない。どれがほんとうであるか、だれにも、おそらくレオナルド自身にもわからなかったであろう。

ウォルター＝ペーターは「一五世紀のルネサンスは、多くの点において、それが果たした事によってよりも、それが企てた事によってむしろ偉大であった」といった。ペーターの言が正しいとすれば、この小著の結びのことばはこうならないであろうか。レオナルド＝ダ＝ヴィンチこそ、あらゆるルネサンス時代の人間のうちでもっともルネサンス的な人間であった、と。

# レオナルド＝ダ＝ヴィンチ年譜

| 西暦 | 年齢 | 年譜 | 背景 |
|---|---|---|---|
| 一四五二 | | 四月一五日、ピエロ＝ダ＝ヴィンチとカテリーナとの私生児として生まれる。 | |
| 五三 | | | 東ローマ帝国滅亡。 |
| 五四 | | | コジモ＝デ＝メディチ、フィレンツェで勢力をうる。 |
| 五五 | | | ギベルティ没す。<br>アンジェリコ没す。 |
| 六四 | | | コジモ没す、ピエロ＝デ＝メディチ立つ。 |
| 六五 | | | ギベルティ没す。 |
| 六六 | 一四 | フィレンツェにきてアンドレア＝ヴェロッキョの工房にはいる。 | ドナテーロ没す。 |
| 六七 | 一五 | 祖父アントニオ死す。 | |
| 六八 | 一六 | 父ピエロ、フィレンツェに転じ、レオナルドは父の家に移り、ヴェロッキョの工房に通う。 | |

| | | | |
|---|---|---|---|
| 六九 | | | ロレンツォ＝デ＝メディチ立ち、メディチ家の支配権確立。 |
| 七二 | 二〇 | 徒弟時代を終わり、フィレンツェの聖ルカ画家組合に加入、ただし工房は去らず。 | アルベルティ没す。 |
| 七三 | 二一 | 八月五日、アルノ渓谷の写生。 | コペルニクス生まれる。 |
| 七五 | | | ガレアッツォ＝マリーア＝スフォルツア、父フランチェスコの青銅騎馬像を企画。ミケランジェロ生まれる。 |
| 七六 | 二四 | 四月八日、男色事件の嫌疑をうけ起訴、六月、無罪釈放。ヴェロッキョ作《キリスト洗礼図》中左端の天使と風景の一部をえがく。 | ボッティチェリ《春》。 |
| 七七 | 二五 | 独立のマエストロとなる。 | |
| 七八 | 二六 | 一月、フィレンツェ政府より聖ベルナルド礼拝堂の祭壇画を委嘱さる。（未完） | 四月、メディチ家にたいするパッツィ派の反乱、ジュリアーノ＝デ＝メディチ暗殺される。 |
| 七九 | 二七 | パッツィ陰謀事件の犯人ベルナルド＝バンディーニ絞首刑に処せられ、レオナルドこれを写生《聖ジローラモ》。（未完） | スペイン王国成立。 |

| | | | |
|---|---|---|---|
| 一四七九 | 二七 | スコペトのサン-ドナト修道院より《三王礼拝図》を委嘱される。（未完） | |
| 八一 | | | ボッティチェリら、シクストゥス四世に召されてローマにゆく。 |
| 八二 | 三〇 | フィレンツェを去り、年末ミラノにおもむき、ロドヴィコ=スフォルツァに仕える。 | ミラノにおいてロドヴィコ=スフォルツァ事実上の支配者となる。 |
| 八三 | 三一 | ミラノのサン-フランチェスコ寺の祭壇画《岩窟の聖母》委嘱。フランチェスコ=スフォルツァ騎馬像モデルの創作をはじめる。《チェチリア=ガレラニ》肖像画。 | ラファエロ生まれる。 |
| 八四 | | | ミラノに伝染病流行。 |
| 八五 | | | イギリスにテューダー朝はじまる。 |
| 八六 | | | ディアズ、喜望峰を発見。 |
| 八七 | 三五 | ミラノのドゥオーモの円屋根建築の設計。 | |
| 八八 | 三六 | 都市計画の構想をねる。 | ヴェロッキョ没す。 |
| 八九 | 三七 | 人体ならびに馬の解剖学的研究、飛行機の設計。 | |

| | | | |
|---|---|---|---|
| 九〇 | 三八 | 祝祭劇『天国』上演のための装置および装飾に従事。<br>鳥の飛翔の論文執筆、光学研究。<br>パヴィアに旅行、年末ミラノに帰る。<br>サライ、レオナルドの従僕となる。 | |
| 九一 | 三九 | ロドヴィコとベアトリーチェ＝デステの結婚式の装飾準備。 | |
| 九二 | 四〇 | ロンドンの《岩窟の聖母》を描く。<br>絵画論、水力学、光学、哲学の手記。 | ロレンツォ＝デ＝メディチ没す。<br>法王アレクサンデル六世即位。<br>コロンブス、アメリカを発見。 |
| 九三 | 四一 | 年末にスフォルツァ騎馬像のモデルほとんど完成、広場に公開され、名声は全イタリアにひろがる。 | ドイツ皇帝マクシミリアンとビアンカ＝マリア＝スフォルツァと結婚。 |
| 九四 | 四二 | 《聖アンナ》の画稿。《最後の晩餐》の委嘱。<br>河川工事の設計監督に従事する。 | ロドヴィコ、ミラノの支配者となる。<br>フランス王シャルル八世、北イタリアに侵入。<br>ピエロ＝デ＝メディチ、フィレンツェより放逐され、サヴォナローラが独裁制を布く。 |

| | | | |
|---|---|---|---|
| 一四九五 | 四三 | 《最後の晩餐》着手。<br>ロドヴィコのために《牧人の礼拝》を描く。（喪失）<br>ミラノ城内サラ=デルレ=アッセ天井装飾。 | |
| 九六 | 四四 | フラ=ルカ=パチョーリと親交を結び、彼のために線画をかく。 | |
| 九七 | 四五 | 数学、骨格構造、地質学、光学の研究。 | ミケランジェロ《ピエタ》。 |
| 九八 | 四六 | 二月、《最後の晩餐》ほとんど完成。 | シャルル八世没、ルイ一二世即位。<br>五月、サヴォナローラ、焚刑に処せられる。<br>ヴァスコ=ダ=ガマ、インドに到着。 |
| 九九 | 四七 | ロドヴィコより《最後の晩餐》の報酬としてぶどう園を贈られる。<br>スフォルツァ騎馬像モデル、破壊される。<br>三月、ミラノを去る。 | 九月、ルイ一二世軍ミラノを占領、ロドヴィコ逃亡。<br>フランス総督トリヴルチオはチェザレ=ボルジアとともにミラノに入城。 |
| 一五〇〇 | 四八 | 二月、マントヴァでイザベッラ=デステのために肖像画稿を描く。<br>三月、ヴェネツィア着。ボロニャをへて四月フィレンツェに帰る。 | 二月、ロドヴィコ、ミラノを奪還、四月敗北して捕虜となりミラノ支配を終わる。 |

| | | | |
|---|---|---|---|
| ○一 | 四九 | 《聖アンナ》画稿。<br>幾何学、器械の研究に従事する。 | ミケランジェロ、《ダヴィデ》を委嘱される。 |
| ○二 | 五〇 | チェザレ＝ボルジアに招かれ、軍事築城技師として従軍地図作製。<br>マキアヴェリに会う。<br>《キリスト誕生》を描く。（喪失） | ピエロ＝ソデリーニ、フィレンツェの終身統領となる。 |
| ○三 | 五一 | 三月、フィレンツェにもどる。<br>フィレンツェ政庁大会議室に壁画《アンギアリの戦い》を委嘱される。<br>《モナ＝リザ》に着手。<br>アルノ川水路変更の計画をたてる。<br>一月、ミケランジェロ《ダヴィデ》建立場所決定のための委員に選ばれる。 | フィレンツェ、ピサとの戦いを再開。<br>法王アレクサンデル六世急死しユリウス二世即位。 |
| ○四 | 五二 | 七月、父ピエロ死す。<br>《海神ネプチューン》の素描をかく。<br>水流、数学、解剖学、鳥の飛翔の研究。 | 八月、ミケランジェロ《カッシーナの戦い》を委嘱される。 |

| | | | |
|---|---|---|---|
| 一五〇五 | 五三 | 《アンギアリの戦い》画稿完成、その壁画に従事。（未完） | ミケランジェロ、ユリウス二世に召されてローマにゆく。 |
| 〇六 | 五四 | 父の遺産分配をめぐり争いおこる。<br>五月、フランスのミラノ総督ダンボアーズの招きにより、フィレンツェ政庁より三か月間の賜暇をえてミラノにおもむく。<br>ミラノ滞在期間の延期願いをたびたびフィレンツェ政庁に出す。<br>《レダ》を構想、《モナ=リザ》ほぼ完成。 | |
| 〇七 | 五五 | ルイ一二世の宮廷画家および技師に任命される。<br>スフォルツァより賜られたぶどう園をダンボアーズの尽力によって返還される。<br>フィレンツェ政府との契約不履行により罰金一五〇〇ドゥカートを支払う。<br>七月、叔父フランチェスコ死し、遺産分配をめぐりふたたび異母弟と争う。<br>九月、遺産問題のためフィレンツェにおもむ | 五月、ルイ一二世ミラノ入城。<br>チェザレ=ボルジア没す。 |

| | | | |
|---|---|---|---|
| | | く。<br>メルツィ家と知り、息子フランチェスコ＝メルツィを弟子とする。<br>《岩窟の聖母》（ロンドン）を描く。 | |
| 〇八 | 五六 | 七月、ミラノに戻り、フランス王の画家および技師として奉仕。<br>アルプス登攀。<br>対ヴェネツィア戦においてフランス軍に従軍。 | カンブレー同盟結成。 |
| 〇九 | 五七 | 七月、ルイ一二世ミラノに入城し、その祝典の装飾に従事する。 | エラスムス《痴愚神礼賛》 |
| 一〇 | 五八 | 解剖学研究、天文現象の研究。<br>《聖アンナ》を完成、《バッカス》を描く。（喪失） | ボッティチェリ没す。 |
| 一一 | 五九 | アルプス登攀。<br>トリヴルチオ騎馬像のスケッチをかく。 | 対フランス神聖同盟結成。<br>ミラノ市二度目の大火おこる。<br>ラファエロ《アテネの学園》 |
| 一二 | 六〇 | 《レダ》を描く。（喪失）<br>《自画像》を描く。 | ルイ一二世、神聖同盟によりミラノを放棄、 |

| | | | |
|---|---|---|---|
| 一五一二 | 六〇 | | 一二月、スフォルツァの子マッシミリアーノ、ミラノに入城。<br>ミケランジェロ《システィーナ礼拝堂天井画》完成。<br>メディチ家フィレンツェに復帰、ソデリーニ政府倒れる。 |
| 一三 | 六一 | 九月、ミラノを去る。フィレンツェをへて一二月ローマにおもむく。レオ一〇世の弟ジュリアーノ＝デ＝メディチの賓客となり、ベルヴェデーレに居住する。 | ミラノにペスト流行、法王レオ一〇世即位。<br>マキアヴェリ『君主論』。 |
| 一四 | 六二 | 九月、パルマに旅行。<br>鳥の研究、幾何学の研究。 | ブラマンテ没す。 |
| 一五 | 六三 | 一二月、しばらくミラノに滞在。<br>植物学の研究。 | ルイ一二世没、フランソア一世即位。<br>六月、フランソア一世はマッシミリアーノ＝スフォルツァを破り、一〇月ミラノに入場。 |
| 一六 | 六四 | 秋、フランソア一世の招きによりアルプスをこえてフランスにおもむく。<br>《世界の没落》素描画。 | ジュリアーノ＝デ＝メディチ没す。<br>トマス＝モア『ユートピア』<br>一〇月、ルター宗教改革運動をはじめる。 |

| | | | |
|---|---|---|---|
| 一七 | 六五 | 五月、アンボアーズ郊外クルー城に居住。<br>一〇月、祝祭のために獅子の形をした自動機械をつくる。枢機官ルイジ＝ダラゴナ一行アンボアーズを訪問、その秘書がレオナルドの近況を報告。このころ右手麻痺する。 | |
| 一八 | 六六 | ラモランタン付近の運河工事計画。<br>フランソワ一世のための建築計画。<br>五月、祝祭挙行のための装飾。 | スイスでツヴィングリ宗教改革運動をはじめる。 |
| 一九 | 六七 | 四月、遺書を作製する。<br>五月二日、死去。<br>八月、アンボアーズのサン＝フロランタン寺において葬儀執行。 | マゼラン世界周航に出発。<br>ドイツにカール五世即位。 |

## 参考文献


杉浦民平訳『レオナルド=ダ=ヴィンチの手記』　岩波書店　昭29―33
杉田益次郎訳『レオナルド=ダ=ヴィンチ絵画論』　河出書房新社　昭36
松井喜三編『レオナルド=ダ=ヴィンチ解剖図集』　みすず書房　昭46

☆　☆　☆

茂串　茂『レオナルド=ダ=ヴィンチ』　日伊協会　昭19
矢代幸雄『随筆レオナルド=ダ=ヴィンチ』　朝日新聞社　昭23
児島喜久雄『レオナルド研究』　岩波書店　昭27
下村寅太郎『レオナルド=ダ=ヴィンチ』　勁草書房　昭36
加茂儀一『モナ=リザの秘密』　日本経済新聞社　昭42
西村貞二『神の国から地上の国へ』　文芸春秋　昭43
下村寅太郎『ルネッサンスの芸術家』　筑摩書房　昭44
塩野七生『ルネッサンスの女たち』　中央公論社　昭44
西村貞二『マキアヴェリ――その思想と人間像』　講談社　昭44
小野健一『美と豪奢と静謐と悦楽とレオナルド=ダ=ヴィンチの周辺』　三省堂　昭45

☆　☆　☆

グロナウ　板垣なを訳『レオナルド=ダ=ヴィンチ』　岩波書店　大12

ローゼンベルク　加茂儀一訳『レオナルド＝ダ＝ヴィンチ』　冨山房　昭16
フェルドハウス　中野研二訳『発明家および技術家としてのレオナルド＝ダ＝ヴィンチ』　慶應書房　昭17
ヤスパース　藤田赤二訳『リオナルド＝ダ＝ヴィンチ』　理想社　昭33
ベレンソン　矢代幸雄監修『ルネッサンスのイタリア画家』　新潮社　昭36
ヴェルフリン　守屋謙二訳『古典芸術』　美術出版社　昭37
ブルクハルト　柴田治三郎訳『イタリア・ルネサンスの文化』　中央公論社　昭41
チェッリニ　黒田正利訳『自伝』　現代思潮社　昭42
ヴァレリー『レオナルド＝ダ＝ヴィンチ』（ヴァレリー全集5）　筑摩書房　昭42
ドヴォルシャック　中村茂夫訳『イタリア・ルネサンス美術史』　岩崎美術社　昭43
フロイト『レオナルド＝ダ＝ヴィンチの幼年期のある思い出』（フロイト著作集3）　人文書院　昭44
ブロノフスキ、マズリッシュ　三田博雄他訳『ヨーロッパの知的伝統』　みすず書房　昭44
スタンダール　吉川逸治訳『イタリア絵画史』　人文書院　昭44
*R. Friedenthal, Leonardo Eine Bildbiographie. 1959*
*R. Wallace, The World of Leonardo. 1966.*
*K. Clark Leonardo da Vinci. 1969.*

# さくいん

## 【あ行】



## 【か行】

## 【や行】



## 【ら行】

新・人と歴史　拡大版　03

**レオナルド=ダ=ヴィンチ　ルネサンスと万能《ばんのう》の人《ひと》**

定価はカバーに表示

2017年３月30日　　初　版　第１刷発行

著　者　　西村《にしむら》　貞二《ていじ》
発行者　　渡部　哲治
印刷所　　法規書籍印刷株式会社
発行所　　株式会社　**清水書院**
〒102－0072
東京都千代田区飯田橋3－11－6
電話　03－5213－7151㈹
FAX　03－5213－7160
http://www.shimizushoin.co.jp

表紙・本文基本デザイン／ペニーレイン
乱丁・落丁本はお取り替えします。　ISBN978－4－389－44103－6